1 Ernährung bei Hyperurikämie und Gicht

Diese Empfehlungen bitte immer mit Ernährungsberater/in, Arzt oder Diätologen/in absprechen! Die Rezepte und Zutatenlisten unterstützen die medizinischen Therapien.

Die Kalorienangaben frischer Zutaten (Obst und Gemüse) und die Inhaltsstoffe schwanken je nach Qualität und Erntezeit. Die Inhalte wurden von einer Diätologin und einer Ernährungsberaterin für die Traditionelle Chinesische Medizin (TCM) geprüft.

Autor:
©2022 Josef Miligui
Liebe Leserinnen und Leser, ich wünsche Ihnen viel Erfolg und gutes Gelingen bei der Umstellung Ihrer Ernährung. Dieses Buch wurde aus eigener Erfahrung mit Krankheit und Ernährung geschrieben und ich habe schon immer das Zubereiten guter Speisen geschätzt. Wenn Sie nicht so geübt sind im Kochen, empfiehlt sich ein Kurs bei Ernährungsberatern oder Diätologen, die Ihnen die Grundlagen der Kochmethoden sowie die richtige Verarbeitung der Zutaten vermitteln können. Anhand der Lebensmittellisten aus diesem Buch können Sie weitere Rezepte entwickeln und entdecken.

Quelle:
Die Listen werden aus der EBNS-Datenbank für die Ernährungsberatung generiert. Die Datenbank wird von Ernährungsberater, Therapeuten und Ärzte für die Beratung der Patienten/Klienten verwendet und ermöglicht eine Kombination mehrerer Syndrome.

Literaturliste:
Wir haben die Unterlagen als Wissensbasis genutzt und an unsere Erfahrungen angepasst und ergänzt.
www.ebns.at

Herstellung und Verlag:
BoD – Books on Demand, Norderstedt
ISBN: 9783837065053

1	Ernährung bei Hyperurikämie und Gicht	1
1.1	Vorwort	5
1.2	Beschreibung	8
1.3	Therapiestrategie	8
1.4	Vermeiden	8
2	Speiseplan	9
2.1	Frühstück	9
2.2	Jause	10
2.3	Mittag	10
2.4	Nachmittag	12
2.5	Abend	12
3	Rezepte	14
3.1	Antipasti	14
3.2	Apfel-Bananen-Creme	15
3.3	Aubergine mit Olivenöl und Kurkuma	15
3.4	Basmatireis + Zucchini-Tofupfanne	16
3.5	Birnensaft	17
3.6	Blitzschnelle Zucchinisuppe	17
3.7	Bratapfel	18
3.8	Brennnessel mit Mangold Suppe	18
3.9	Brokkoli-Parmesan-Aufstrich auf Toastbrot	19
3.10	Buntes Reisgericht	20
3.11	Chicoréesalat mit Mandarinen	21
3.12	Cranberrisaft	22
3.13	Dinkel mit Obst und Nüssen	22
3.14	Erfrischende Gurkensuppe mit Kartoffeln	23
3.15	Fein gewürzte Zucchini mit Tomaten	24
3.16	Fenchel-Kartoffel-Auflauf	24
3.17	Fenchel-Reissuppe	26
3.18	Frühstück - Reis mit Früchten	26
3.19	Frühstück mit Käse	27
3.20	Gegrillte Tomaten mit Käsefüllung	28
3.21	Gekochter Selleriesalat mit exotischen Gewürzen	29
3.22	Gemüseeintopf mit provenzalischer Pistou	30
3.23	Gemüse-Grieß-Suppe	31
3.24	Gemüse-Miso-Suppe mit Tofu	32
3.25	Geröstete Hirse mit Pflaumenkompott	32
3.26	Gerstenbratlinge	33
3.27	Gerstenbrei mit Beeren	34

3.28	Gerstenbrei mit gedünsteter Birne	35
3.29	Grießsuppe mit Gemüse	36
3.30	Grundrezept für eine Hühnerbrühe	36
3.31	Grundrezept für eine nahrhafte Gemüsebrühe	37
3.32	Grundrezept für eine Reissuppe (Congee)	38
3.33	Gurkensalat	39
3.34	Hafer-Congee	39
3.35	Haferflockensuppe mit Frühlingszwiebeln	40
3.36	Herzhafter Polentabrei	40
3.37	Hirse mit Birnen	41
3.38	Hühnersuppe mit Eigelb und Petersilie	42
3.39	Hüttenkäse mit gedünstetem Obst	42
3.40	Joghurt mit Honig und Nüssen	43
3.41	Kaffee	43
3.42	Karotten-Hirse-Auflauf mit Apfelkompott	44
3.43	Karotten-Kartoffel-Rucola Brötchen	45
3.44	Karottenrohkost	46
3.45	Kartoffel-Basilikumsuppe	46
3.46	Kartoffelpuffer	47
3.47	Kartoffeltaschen mit Wildkräutern an Tomatensoße	48
3.48	Kohlrabi in Kerbelsoße mit Kartoffeln	49
3.49	Kompott aus Rhabarber	50
3.50	Kopfsalat mit Essigdressing	51
3.51	Kürbiscurry	51
3.52	Kürbis-Joghurt-Suppe	52
3.53	Kürbisschnitzel mit Gewürzreis	53
3.54	Kürbissuppe	54
3.55	Lauch-Kartoffel-Gratin	55
3.56	Mango-Bananen-Joghurt-Drink eiskalt	56
3.57	Misosuppe mit Tofu	56
3.58	Nudel-Auflauf mit Quark und Pfirsichen	57
3.59	Obstsaftgetränk	58
3.60	Palatschinken mit Spinat und Parmesan	58
3.61	Pikante Avocadocreme mit Hüttenkäse	59
3.62	Pikante Tofu-Gemüse-Pfanne	60
3.63	Polenta mit Pfirsich	61
3.64	Reis-Congee mit Honigbirne und schwarzem Sesam	62
3.65	Rettich-Apfel-Joghurt-Frischkost	62
3.66	Rhabarber-Apfel-Grütze	63
3.67	Rhabarberkuchen mit Streuseln	64
3.68	Rindfleisch-Kürbis-Gemüse-Eintopf	65
3.69	Rindfleischsalat	66
3.70	Rosmarinkartoffeln	66

3.71	Rührei mit Blattsalat-Oliven-Tomaten	67
3.72	Rührei mit Rucola und Kräutern	68
3.73	Schnellpolenta mit Avocado und Frühlingszwiebel	69
3.74	Spargelcremesuppe	69
3.75	Tee aus Holunderblüten	70
3.76	Tee aus Ingwer mit Honig	71
3.77	Tee aus Kamille	71
3.78	Teemischung appetitanregend	72
3.79	Teemischung gegen allgemeine Erschöpfung	72
3.80	Tomatensuppe	73
3.81	Traubensaft mit heißem Wasser	74
3.82	Überbackenes Chicoréegemüse	74
3.83	Ungarischer Reissalat	75
3.84	Vanillecreme mit Beeren	76
3.85	Vegetarischer Gemüse-Getreide-Kartoffelbrei	76
3.86	Vitamindrink	77
3.87	Wärmende Karottensuppe	78
3.88	Zucchini-Grieß-Cremesuppe	78
3.89	Zwetschgenkuchen	79
4	Wirkung der Lebensmittel	80
4.1	Zutaten verwenden: empfehlenswert	80
4.2	Zutaten verwenden: ja	80
4.3	Zutaten verwenden: wenig	86
4.4	Kontraindikativ wirkende Lebensmittel nicht verwenden	87
5	Komplementär	89
5.1	Einreibung	89
5.1.1	Chili Schoten	89
5.2	Heilbad	89
5.2.1	Bad mit Kamille	89
5.3	Heil-Tee (Aufguss)	89
5.3.1	Benediktienerdiestel, Benediktenkraut	89
5.3.2	Birkenblätter	89
5.3.3	Brennnessel Blätter	90
5.3.4	Rooibos	90
5.4	Komplementäre Anwendung	90
5.4.1	Akupunktur	90
5.4.2	Apitherapie	91
5.4.3	Ayur Veda	91
5.4.4	Heilfasten	92
5.4.5	Lymphdrainage	92
5.4.6	Weihrauch	93
5.5	Speisezugabe	93
5.5.1	Gelbwurz (Kurkuma)	93

5.6   Verschiedene Möglichkeiten 94
    5.6.1   Reishi 94
    5.6.2   Rosskastanie.. 94
6   Grundlagen der Ernährung... 95
    6.1   Ernährung... 95
    6.2   Rezepte 97
    6.3   Lebensmittel 98
    6.4   Kräuter... 99
7   Weitere Ernährungsvorschläge 100

1.1   Vorwort

Die Weltgesundheitsorganisation (WHO) davon spricht, dass bis zu 80% der Erkrankungen durch äußere Faktoren wie Ernährung, Lebensstil, Umweltgifte und dergleichen beeinflusst werden.

Welche Faktoren also jeder einzelne von uns aktiv beeinflussen kann und somit seine Chancen auf Erhöhung der allgemein Gesundheit erzielen kann, darum geht es auf den folgenden Seiten.

Der Fokus in diesem Buch liegt auf dem Faktor mit der größten Hebelwirkung - der Ernährung.
Schon Hippokrates hat einst gesagt "Lass die Nahrung deine Medizin sein und Medizin deine Nahrung!" Kräuterpädagog:innen heute sagen so: "Es gibt für jede Krankheit das richtige Kraut."

Egal wie wir es drehen und wenden, wir sind was wir essen (und was unser Essen gegessen hat). Der moderne Mensch sieht sich gerne isoliert von seiner Umwelt. Wir entstehen aus unserer Umwelt, wir leben inmitten von ihr und wenn wir sterben gehen wir wieder in unsere Umwelt über. Während wir leben essen wir das, was in unserer Umwelt wächst (oder in Fabriken chemisch erzeugt wird). Diese Nahrung liefert die Energie und Bausteine, für den eigenen Körper, für den Stoffwechsel, Zellerneuerung, den Hormonhaushalt und damit für unser gesamtes Sein, die Gesundheit und unser Empfinden.

Hier ein paar Grundbausteine, bevor in dem Buch noch näher auf Ernährungsfaktoren eingegangen wird, die sozusagen der kleinste gemeinsame Nenner der meisten Ernährungsphilosophien sind:

- Saisonalität
    - Winterpflanzen, wie zum Beispiel verschiedene Kohlgewächse, versorgen uns mit Unmengen von Vitamin C und Bitterstoffen. Zwei Faktoren, die unser Immunsystem bei der Abwehr von der Kälte und den typischen Infekten in der Winterzeit unterstützen.
    - Sommerpflanzen wie zum Beispiel Gurken, Tomaten aber auch Zitrusfrüchte kühlen unseren aufgeheizten Körper und versorgen uns mit viel Wasser.
    - Außerdem müssen bei saisonalen Pflanzen weniger chemische Helferlein eingesetzt werden, da die passenden Umweltfaktoren das Wachstum sowieso fördern.
- Regionalität
    - Damit einher geht auch der Faktor der Regionalität. Regionale pflanzliche Lebensmittel werden reif geerntet und haben somit alle Nährstoffe entwickeln können. Im Gegensatz dazu wird Obst und Gemüse aus ferneren Ländern unreif geerntet und nur durch den Einsatz von chemischen Mitteln unnatürlich "nachgereift" - bzw. nur nach-gefärbt. Die Dichte der Nährstoffe und auch der Geschmack kann dabei niemals mit regionalen Lebensmitteln mithalten. (Sie haben es vielleicht schon selber erlebt, dass eine Südfrucht aus dem jeweiligen Ursprungsland dort im Urlaub viel süßer und vollmundiger schmeckt als die gleiche Frucht aus dem zentraleuropäischen Supermarkt).
- Pflanzenbasierte Ernährung
    - Ja, diese Basis teilen selbst die Anhänger der Fleischdiät mit den Veganern. Denn bei der Fleischdiät geht es auch um Fleisch von Tieren, die sich artgerecht, sprich von vielen Gräsern und Kräutern ernährt haben. Die Masse an Getreide in der heutigen Ernährung - egal ob bei Mensch oder Tier - entspricht nicht der natürlichen Ernährungsweise. Sie macht uns krank, dick und manche behaupten sogar dumm (das weist auf die Schädigung der neuronalen Netzwerke hin, die durch den Konsum von Kohlenhydraten passiert hin). Pflanzen im Sinne von Gemüse, Kräutern, Salaten, Sprossen, in geringen Mengen Obst, Nüsse, Samen, etc. liefern neben den viel beschriebenen Vitaminen und Mineralstoffen vor allem sekundäre Pflanzenstoffe, die herausragende Heilwirkung haben.

So werden eine Vielzahl unserer Medikamente auf Basis der natürlich vorkommenden Pflanzenstoffe nachgebaut. Allerdings sind da diverse Säuren und andere Wirkstoffe extrahiert und wirken nur alleine - mit den Pflanzen selbst nehmen wir sie in einer reichhaltigen und sich gegenseitig verstärkenden Kombination vielerlei wirksamer Stoffe zu uns.

Ja zusätzlich zu diesen 3 großen Punkten gibt es immer noch sehr viel zu beachten. Ein optimales Verhältnis von Omega 3 zu Omega 6 Fettsäuren (empfohlen wird 1:3), eine individuell und situationsbedingte Eiweißversorgung und so weiter.

Eine ganz gute und einfache Richtlinie für die alltägliche Ernährung bietet der ideale Teller. Der sieht so aus, dass möglichst jede Mahlzeit zur Hälfte aus pflanzlichen Bestandteilen besteht, ein Viertel der Eiweißversorgung dient und ein Viertel die Mahlzeit durch gute Fette und eventuell Kohlenhydrate abrundet.

Die Feinjustierung rund um die Zubereitungsarten, die Zusammenstellungen und so weiter sehe ich als sehr individuell an. Es gibt meines Erachtens nicht die 1 perfekte Ernährung. Es gibt so viele großartige Philosophien und Studien, die alle wunderbare Heilungen berichten und sich dabei aber gegenseitig ausschließen. Was auf den ersten Blick vielleicht paradox wirkt, eröffnet bei näherer Betrachtung ganz viele Möglichkeiten des Probierens und neuer Chancen.

Neben der Ernährung werden noch folgende Faktoren genannt:
- die Giftstoffbelastung in unserer Umwelt sowie in Pflegeprodukten oder eben in der Ernährung
- eine Balance aus Aktivität, (kurzzeitigem) Stress und der Entspannung wie auch Schlaf
- Aufarbeitung der emotionalen Wunden aus der Vergangenheit und Steigerung der Resilienz
- Biologische Zahnheilkunde
- eine optimierte Versorgung durch Heilkräuter, Heilpilze udgl.
- Früherkennung durch bewährte und schonende Verfahren

1.2 Beschreibung

Hyperurikämie ist eine angeborene Störung des Harnsäurestoffwechsels. Gicht stellt die klinische Manifestation dar und tritt in Zeiten des Wohlstandes häufig auf.

Harnsäurestoffwechsel: Mit der Nahrung zugeführte und körpereigene Purine werden zu Harnsäure abgebaut. Der Harnsäurebestand des Körpers stellt das Resultat aus Zufuhr, Eigensynthese und Ausscheidung dar. Krankheitsbild: Anhäufung von Harnsäure in den Gelenken

Ursachen: Erhöhte Zufuhr, verminderte Ausscheidung von Harnsäure beziehungsweise vermehrte Eigensynthese Voraussetzung: Genetische Prädisposition

Begünstigend wirken: Überernährung, hoher Fleischkonsum, Alkohol Normalwert der Harnsäure: 2-6 mg-% für Frauen, 3-7 mg-% für Männer Symptome: Ab 8 mg-% fällt die Harnsäure aus, bildet Kristalle und verursacht Entzündungen in Gelenken.

1.3 Therapiestrategie

Purin arme Kost < 300 mg Harnsäure pro Tag (2.000 mg pro Woche)
- Alkohol meiden
- Gewicht normalisieren
- Ovolaktovegetarische Kost (Ovo = Ei, Lakto = Milch, Milchprodukte)
- Sofern keine andere Verordnung vorliegt, soll ausreichend getrunken werden (mindestens 2 l pro Tag)! Milch und Milchprodukte sowie Eier sind Purin frei bzw. sehr Purin arm. Sie eignen sich besonders als Proteinquelle, da reines Eiweiß die Harnsäureausscheidung über die Niere fördert. Vollkornprodukte sind Purin arm und daher gut geeignet! Purin freie bzw. Purin Arme Lebensmittel und Lebensmittel, die Purin in einer Form enthalten, die nicht zu Harnsäure abgebaut wird: Gemüse, Kartoffeln, Obst, Nudeln, Reis, , Brot., Milchprodukte: Getränke: Fruchtsäfte, Gemüsesäfte, Kakao, Kaffee, Milch, Mineralwasser, Tee.

1.4 Vermeiden

Fette Gerichte Hülsenfrüchten, Fleischextrakt, Herz, Kalbsbries, Leber, Niere, Leberwurst, Fisch (geräuchert), Fischkonserven, Hering, Sardellen, Anchovis, Kaviar, Schokolade, Hefeextrakt, Alkoholische Getränke, vor allem Bier.

Da ein hoher Eiweißgehalt von Lebensmittel meist auch mit einem hohen Puringehalt verbunden ist, sollte mit proteinreichen

Lebensmitteln sparsam umgegangen werden.

Diese Lebensmittel enthalten besonders viel Purin.
Fleisch und Wurst allgemein, vor allem Kalbsbries, Leber und andere
Innereien, Fleischbrühen.
Sardellen, Sardinen, Lachs, Garnelen, Hering, Makrele, Forelle,
Muscheln, Renke, Karpfen, Seezunge, Thunfisch, Dorsch, Heilbutt.
Bäcker-Presshefe und damit hergestellte Produkte, Fleischextrakt.

---

2 Speiseplan

Kkal. p. Portion

2.1 Frühstück

Birnensaft	180,0
Bratapfel	408,0
Brokkoli-Parmesan-Aufstrich auf Toastbrot	148,0
Buntes Reisgericht	437,3
Cranberrisaft	43,5
Dinkel mit Obst und Nüssen	289,7
Fein gewürzte Zucchini mit Tomaten	203,2
Fenchel-Reissuppe	155,9
Frühstück - Reis mit Früchten	230,7
Frühstück mit Käse	512,1
Gemüse-Grieß-Suppe	198,9
Gemüse-Miso-Suppe mit Tofu	107,0
Geröstete Hirse mit Pflaumenkompott	139,3
Gerstenbratlinge	398,0
Gerstenbrei mit gedünsteter Birne	113,8
Grießsuppe mit Gemüse	105,5
Hafer-Congee	162,1
Haferflockensuppe mit Frühlingszwiebeln und Karotten	134,8
Herzhafter Polentabrei	262,0
Hirse mit Birnen	213,2
Hüttenkäse mit gedünstetem Obst	214,5
Joghurt mit Honig und Nüssen	258,0
Kaffee	16,1
Kartoffelpuffer	893,3

Kohlrabi in Kerbelsoße mit Kartoffeln 187,7
Kompott aus Rhabarber.. 48,2
Misosuppe mit Tofu 51,0
Obstsaftgetränk 175,5
Pikante Avocadocreme mit Hüttenkäse.. 613,8
Polenta mit Pfirsich 197,2
Reis-Congee mit Honigbirne und schwarzem Sesam.................... 158,9
Rhabarber-Apfel-Grütze 180,0
Rosmarinkartoffeln.. 188,7
Rührei mit Blattsalat-Oliven-Tomaten.. 419,7
Rührei mit Rucola und Kräutern 360,0
Schnellpolenta mit Avocado und Frühlingszwiebel 449,5
Tee aus Holunderblüten 7,1
Tee aus Ingwer mit Honig.. 4,9
Teemischung appetitanregend 0,5
Traubensaft mit heißem Wasser 43,8
Überbackenes Chicoréegemüse 230,9
Ungarischer Reissalat... 421,5
Vanillecreme mit Beeren.. 282,1
Vitamindrink 172,1

2.2 Jause

Apfel-Bananen-Creme 110,4
Gerstenbrei mit Beeren... 112,6
Karotten-Kartoffel-Rucola Brötchen... 94,0
Karottenrohkost 74,0
Rettich-Apfel-Joghurt-Frischkost 77,0
Rhabarberkuchen mit Streuseln 475,8
Zwetschgenkuchen... 502,5

2.3 Mittag

Antipasti 100,1
Aubergine mit Olivenöl und Kurkuma 432,3
Basmatireis + Zucchini-Tofupfanne 145,9
Birnensaft... 180,0
Blitzschnelle Zucchinisuppe.. 41,9
Bratapfel 408,0
Brennnessel mit Mangold Suppe.. 52,1
Brokkoli-Parmesan-Aufstrich auf Toastbrot.. 148,0
Buntes Reisgericht... 437,3
Chicoréesalat mit Mandarinen 256,0
Cranberrisaft... 43,5

Erfrischende Gurkensuppe mit Kartoffeln....................................148,3
Fein gewürzte Zucchini mit Tomaten..203,2
Fenchel-Kartoffel-Auflauf...147,0
Fenchel-Reissuppe..155,9
Gegrillte Tomaten mit Käsefüllung 469,5
Gekochter Selleriesalat mit exotischen Gewürzen......................165,1
Gemüseeintopf mit provenzalischer Pistou 137,9
Gemüse-Grieß-Suppe 198,9
Gemüse-Miso-Suppe mit Tofu...107,0
Geröstete Hirse mit Pflaumenkompott...139,3
Gerstenbratlinge 398,0
Gerstenbrei mit gedünsteter Birne...113,8
Grießsuppe mit Gemüse...105,5
Gurkensalat 27,0
Hafer-Congee 162,1
Haferflockensuppe mit Frühlingszwiebeln und Karotten 134,8
Herzhafter Polentabrei..262,0
Hirse mit Birnen 213,2
Hühnersuppe mit Eigelb und Petersilie 117,8
Hüttenkäse mit gedünstetem Obst 214,5
Joghurt mit Honig und Nüssen 258,0
Kaffee... 16,1
Karotten-Hirse-Auflauf mit Apfelkompott 349,7
Karotten-Kartoffel-Rucola Brötchen...94,0
Kartoffel-Basilikumsuppe 95,6
Kartoffelpuffer 893,3
Kartoffeltaschen mit Wildkräutern an Tomatensoße 417,6
Kohlrabi in Kerbelsoße mit Kartoffeln 187,7
Kompott aus Rhabarber...48,2
Kopfsalat mit Essigdressing...67,5
Kürbiscurry..193,3
Kürbis-Joghurt-Suppe..68,2
Kürbisschnitzel mit Gewürzreis 438,0
Kürbissuppe..104,7
Lauch-Kartoffel-Gratin 368,6
Mango-Bananen-Joghurt-Drink eiskalt...121,4
Misosuppe mit Tofu 51,0
Nudel-Auflauf mit Quark und Pfirsichen 442,4
Obstsaftgetränk 175,5
Palatschinken mit Spinat und Parmesan 329,7
Pikante Avocadocreme mit Hüttenkäse..613,8
Pikante Tofu-Gemüse-Pfanne..241,4
Polenta mit Pfirsich 197,2

Reis-Congee mit Honigbirne und schwarzem Sesam 158,9
Rhabarber-Apfel-Grütze 180,0
Rindfleisch-Kürbis-Gemüse-Eintopf 367,9
Rindfleischsalat 249,0
Rosmarinkartoffeln 188,7
Rührei mit Blattsalat-Oliven-Tomaten 419,7
Rührei mit Rucola und Kräutern 360,0
Spargelcremesuppe 240,0
Tee aus Holunderblüten 7,1
Tee aus Ingwer mit Honig 4,9
Teemischung appetitanregend 0,5
Tomatensuppe 100,5
Traubensaft mit heißem Wasser 43,8
Überbackenes Chicoréegemüse 230,9
Ungarischer Reissalat 421,5
Vegetarischer Gemüse-Getreide-Kartoffelbrei 91,0
Vitamindrink 172,1
Wärmende Karottensuppe 133,4
Zucchini-Grieß-Cremesuppe 146,0

2.4   Nachmittag

Apfel-Bananen-Creme 110,4
Gerstenbrei mit Beeren 112,6
Karotten-Kartoffel-Rucola Brötchen 94,0
Karottenrohkost 74,0
Rettich-Apfel-Joghurt-Frischkost 77,0
Rhabarberkuchen mit Streuseln 475,8
Schnellpolenta mit Avocado und Frühlingszwiebel 449,5
Zwetschgenkuchen 502,5

2.5   Abend

Basmatireis + Zucchini-Tofupfanne 145,9
Birnensaft 180,0
Blitzschnelle Zucchinisuppe 41,9
Cranberrisaft 43,5
Erfrischende Gurkensuppe mit Kartoffeln 148,3
Fein gewürzte Zucchini mit Tomaten 203,2
Fenchel-Kartoffel-Auflauf 147,0
Fenchel-Reissuppe 155,9
Gekochter Selleriesalat mit exotischen Gewürzen 165,1
Gemüseeintopf mit provenzalischer Pistou 137,9
Gemüse-Grieß-Suppe 198,9

Gemüse-Miso-Suppe mit Tofu 107,0
Geröstete Hirse mit Pflaumenkompott 139,3
Grießsuppe mit Gemüse 105,5
Hafer-Congee 162,1
Herzhafter Polentabrei 262,0
Hirse mit Birnen 213,2
Kaffee 16,1
Kartoffel-Basilikumsuppe 95,6
Kohlrabi in Kerbelsoße mit Kartoffeln 187,7
Kompott aus Rhabarber 48,2
Kopfsalat mit Essigdressing 67,5
Kürbiscurry 193,3
Kürbis-Joghurt-Suppe 68,2
Kürbissuppe 104,7
Mango-Bananen-Joghurt-Drink eiskalt 121,4
Misosuppe mit Tofu 51,0
Obstsaftgetränk 175,5
Pikante Tofu-Gemüse-Pfanne 241,4
Polenta mit Pfirsich 197,2
Reis-Congee mit Honigbirne und schwarzem Sesam 158,9
Rindfleischsalat 249,0
Rosmarinkartoffeln 188,7
Spargelcremesuppe 240,0
Tee aus Holunderblüten 7,1
Tee aus Ingwer mit Honig 4,9
Teemischung appetitanregend 0,5
Tomatensuppe 100,5
Traubensaft mit heißem Wasser 43,8
Überbackenes Chicoréegemüse 230,9
Vegetarischer Gemüse-Getreide-Kartoffelbrei 91,0
Vitamindrink 172,1
Wärmende Karottensuppe 133,4

3 Rezepte

empfehlenswert = Sie können mehr verwenden
wenig = wenn möglich weniger verwenden
weniger als angegeben = möglichst nicht verwenden

3.1 Antipasti

Fördert Durchblutung, lindert Entzündungen und Schmerzen,
harntreibend, senkt Blutdruck, antioxidativ, antibakteriell, regt Kreislauf
an. Hilft bei: Appetitlosigkeit, Magen- und Verdauungsschwäche,
Blähungen.

Anzahl Portionen: 3
Kalorien p. Portion   100
Gramm p. Portion   246,83
Kochdauer ca.   40 min.
(Kohlehydrat:53,79% / Eiweiß & Fett:46,21%)
100g.≈ Eiweiß 2,75g. Fett:5,61g.
µg. - Ph:7,93 Na:1,08 Ka:67,5 Mg:5,14 Ca:7,21 Fe:0,24 Zn:0,03 Col.:0 Hsr.:5,8

Zutaten:
Peperoni 1 Stück / 5g. (ja)
Zitrone Saft 1 EL / 10g. (ja)
Aubergine 1 Stück / 300g. (ja)
Tomate 4 Stück / 200g. (ja)
Zucchini 200 g. / 200g. (ja)
Zitrone Schale 1/2 Stück / 3g. (ja)
Olivenöl 1 EL / 15g. (ja)
Basilikum (frisch) 8 Blätter / 5g. (ja)
Salz 1 Prise / 0,5g. (wenig)
Koriander 1/2 TL / 2g. (ja)

Kochanleitung:
Peperoni im Ofen bei 250 Grad backen, bis die Schale dunkel wird (ca.
20 Min.). Die Peperoni abdecken und auskühlen lassen, häuten und in
ca. 2 cm breite Streifen schneiden. Tomaten halbieren und gemeinsam
mit den in Scheiben geschnittenen Auberginen mit Öl bestreichen und
im Ofen bei 200 Grad goldbraun backen (ca. 10 Min.).
Zucchinischeiben in Grillpfanne (ohne Fett) anbraten. Alles zusammen
anrichten, die Marinade aus Olivenöl, Salz und Zitronenschale mischen
und über das Gemüse gießen. Mit Koriander bestreuen und 1 Std.
ziehen lassen.

3.2 Apfel-Bananen-Creme

Reguliert Magen-Darm-Funktion, liefert Vitamin C, cholesterinsenkend, entzündungshemmend, harntreibend, fördert Durchblutung.

Anzahl Portionen: 4
Kalorien p. Portion 110
Gramm p. Portion 206,25
Kochdauer ca. 15 Min.
(Kohlehydrat:94,44% / Eiweiß & Fett:5,56%)
100g.≈ Eiweiß 0,84g. Fett:0,51g.
µg. - Ph:3,01 Na:0,49 Ka:38,02 Mg:2,73 Ca:2,25 Fe:0,1 Zn:0,01 Col.:0 Hsr.:3,19

Zutaten:
Apfel (sauer) 400 g. / 400g. (ja)
Wasser 200 ml. / 200g. (ja)
Orange Schale 1/4 Stück / 5g. (ja)
Zitrone Schale 1/2 Stück / 2g. (ja)
Zucker braun 2 TL / 6g. (wenig)
Zimtstange 1 Stück / 0g. (ja)
Banane 1 Stück / 150g. (ja)
Acerola Fruchtnektar oder Pulver 1 TL / 2g. (wenig)
Orangensaft 1/2 Stück / 50g. (wenig)
Zitrone Saft 1 EL / 10g. (ja)

Kochanleitung:
Apfel in feine Spalten schneiden, mit Wasser, Orangen- und Zitronenschale, Zucker und Zimt zum Kochen bringen und ca. 7 Min. köcheln lassen. Die Äpfel sollen fast weich sein. Acerola zufügen und Zimtstange entfernen. Mit dem Mixstab Apfel, Banane, Orangen- und Zitronensaft fein pürieren.

3.3 Aubergine mit Olivenöl und Kurkuma

Fördert Durchblutung, lindert Entzündung und Schmerzen, fördert Verdauung, hilft Fett zu verdauen, ist harntreibend, senkt Blutdruck.

Anzahl Portionen: 2
Kalorien p. Portion 432
Gramm p. Portion 321,5
Kochdauer ca. 30 Min.
Allergene: A
(Kohlehydrat:47,45% / Eiweiß & Fett:52,55%)
100g.≈ Eiweiß 6,14g. Fett:30,66g.
µg. - Ph:12,28 Na:20,77 Ka:85,6 Mg:5,48 Ca:7,09 Fe:0,18 Zn:0,05 Col.:0,02 Hsr.:9,67

Zutaten:
Aubergine 2 Stück / 300g. (ja)
Olivenöl 4 EL / 60g. (ja)
Tomate 4 Stück / 200g. (ja)
Kurkuma (Gelbwurz) 1/2 TL / 1g. (ja)
Kümmel 1 Prise / 1g. (ja)
Salz 1 Prise / 1g. (wenig)
Weißbrot (Weizenbrot) 4 Scheiben / 80g. (wenig)

Kochanleitung:
Aubergine in Scheiben schneiden und mit halbierten Tomaten auf einem Backblech ausbreiten. Mit Olivenöl beträufeln und mit Kurkuma, Kümmel und Salz würzen. Im Ofen 20 Min. backen. Mit dem Weißbrot servieren.

3.4 Basmatireis + Zucchini-Tofupfanne

Harntreibend, harmonisiert Milz und Magen, lindert Blähungen. Gut bei Übergewicht und Bluthochdruck. Antioxidativ, stärkt Magen.

Anzahl Portionen: 4
Kalorien p. Portion 146
Gramm p. Portion 306,75
Kochdauer ca. 20 min.
Allergene: E
(Kohlehydrat:56,62% / Eiweiß & Fett:43,38%)
100g.≈ Eiweiß 7,95g. Fett:4,89g.
µg. - Ph:13,21 Na:0,7 Ka:33,77 Mg:10,99 Ca:11,98 Fe:0,34 Zn:0,02 Col.:0 Hsr.:7,75

Zutaten:
Soja Tofu 250 g. / 250g. (ja)
Olivenöl 2 EL / 6g. (ja)
Koriander 1/2 TL / 4g. (ja)
Ingwer frisch 1/2 TL / 4g. (ja)
Reis Basmatireis 1/2 Tasse / 60g. (ja)
Wasser 3 Tassen / 200g. (ja)
Zucchini 1 Stück / 700g. (ja)

Kochanleitung:
Tofu würfelig schneiden und mit Olivenöl, Tamari, zerstoßenem Koriander und Ingwer marinieren und mindestens 1 Std. ziehen lassen. Basmatireis im Wasser kochen und evtl. mit Zwiebel und Kardamom würzen. Zucchini und Tofu in einer Pfanne in heißem Öl ca. 5-7 Min. rösten und auf Tellern getrennt vom Reis anrichten. Petersilie drüberstreuen. Kann auch kalt als Salat für zuhause oder unterwegs verwendet werden.

3.5 Birnensaft

Fördert Verdauung, harntreibend.
Anzahl Portionen: 2
Kalorien p. Portion 180
Gramm p. Portion 300
Kochdauer ca. 5 min.
(Kohlehydrat:93,06% / Eiweiß & Fett:6,94%)
100g.≈ Eiweiß 1,8g. Fett:1,2g.
µg. - Ph:7,5 Na:1 Ka:62,5 Mg:3,5 Ca:4,5 Fe:0,15 Zn:0,05 Col.:0 Hsr.:7,5

Zutaten:
Birne 3 Stück / 600g. (ja)

Kochanleitung:
Bio-Birnen mit Schale (Vitamine sind vor allem unter der Schale)
vierteln, entkernen und in der Saftpresse entsaften.

3.6 Blitzschnelle Zucchinisuppe

Harntreibend, stärkt Magen-Darm-Funktion, erweitert Blutgefäße,
bakterizid, beugt Krebs vor, beugt Krankheiten vor (bei älteren
Menschen), regt Leberfunktion an, entgiftet.
Anzahl Portionen: 4
Kalorien p. Portion 42
Gramm p. Portion 241,5
Kochdauer ca. 10 min
Allergene:
(Kohlehydrat:46,03% / Eiweiß & Fett:53,97%)
100g.≈ Eiweiß 1,77g. Fett:2,05g.
µg. - Ph:3,81 Na:0,41 Ka:29,78 Mg:3,2 Ca:5,37 Fe:0,22 Zn:0,01 Col.:0 Hsr.:2,85

Zutaten:
Zucchini 2-3 Stück / 500g. (ja)
Zwiebel weiss 1 Stück / 50g. (ja)
Maiskeimöl 2 EL / 6g. (ja)
Petersilie 1 EL / 7g. (ja)
Lauchzwiebel Schnittlauch 1 TL / 3g. (ja)
Wasser 1/2 Liter / 400g. (ja)

Kochanleitung:
Gehackte Zwiebel in Öl andünsten. In Scheiben geschnittene Zucchini
zufügen und gut andünsten. Mit Wasser aufgießen. Petersilie und
Schnittlauch grob gehackt zufügen und alles pürieren.

3.7 Bratapfel

Gut bei akuter oder chronischer Verstopfung, erwärmt Magen und Milz, fördert Durchblutung. Gut bei Magenschmerzen, Verdauungsstörungen, Nierenschwäche, Rücken- und Bauchschmerzen, Impotenz, Nierenschwäche.

Anzahl Portionen: 4
Kalorien p. Portion 408
Gramm p. Portion 353,5
Kochdauer ca. 30 Min.
Allergene: GH
(Kohlehydrat:51% / Eiweiß & Fett:49%)
100g.≈ Eiweiß 11,89g. Fett:22,21g.
µg. - Ph:5,08 Na:1,79 Ka:11,92 Mg:1,37 Ca:5,71 Fe:0,03 Zn:0,03 Col.:4,65 Hsr.:0,51

Zutaten:
Apfel (sauer) 4 Stück / 500g. (ja)
Haselnüsse 50 g. / 50g. (ja)
Mandeln 50 g. / 50g. (ja)
Zimtpulver 1 Prise / 0,2g. (ja)
Vanillezucker natur 1 Paket / 3g. (wenig)
Kuhmilch (Vollmilch 3,5 % Fett) 2 EL / 24g. (ja)
Zucker (Staubzucker) 3 EL / 36g. (wenig)
Zimtpulver 1 Prise / 1g. (ja)

Kochanleitung:
Die Äpfel waschen, einen Deckel abkappen, Kerngehäuse mit einem Teelöffel ausstechen, so dass unten der Apfel dicht bleibt. Nüsse, Mandelstifte, Fruchtzucker, Milch, Vanillezucker und Zimt gut vermengen und die Masse in die Äpfel füllen. Die Deckel wieder aufsetzen. Im vorgeheizten Backofen bei 180 Grad ca. 20 Min. backen. Staubzucker und Zimt mischen,
Vanille-Joghurt auf Teller verteilen, jeweils 1 Bratapfel darauf setzen, mit Zimt-Staubzuckermischung bestreuen und sofort heiß servieren!

3.8 Brennnessel mit Mangold Suppe

Harntreibend, reinigt die Nieren, blutreinigend, entschlackend, hemmt die Bildung von Entzündungsstoffen, wirkt schmerzlindernd. Mangold unterstützt die Darmtätigkeit und reinigt den Darm.

Anzahl Portionen: 4
Kalorien p. Portion 52
Gramm p. Portion 230,38
Kochdauer ca. 30 Min.
(Kohlehydrat:41,21% / Eiweiß & Fett:58,79%)
100g.≈ Eiweiß 2,64g. Fett:2,87g.
µg. - Ph:5,68 Na:12,63 Ka:52,35 Mg:11,26 Ca:15,14 Fe:0,37 Zn:0,01 Col.:0 Hsr.:9,79

Zutaten:
Brennnessel 1 Handvoll / 10g. (ja)
Mangold 1/2 Kg. / 500g. (ja)
Salz 1 Prise / 1g. (wenig)
Wasser 1/2 Liter / 400g. (ja)
Olivenöl 1 EL / 10g. (ja)
Pfeffer gemahlen 1 Prise / 0,5g. ()

Kochanleitung:
In einem Topf das Öl erhitzen, den gewaschenen und fein
geschnittenen Mangold dazugeben, salzen und 10 Min. köcheln lassen.
Die gehackten Brennnesseln zufügen und weitere 10 Min. kochen. Mit
Pfeffer würzen und pürieren.

3.9 Brokkoli-Parmesan-Aufstrich auf Toastbrot

Fördert Blutgerinnung, Schilddrüsenfunktion und Eigenaufbau von
Vitamin B12. Immun- und abwehrsteigernd, löst Stagnation. Gut bei
Aufstoßen, Diabetes, akuter oder chronischer Verstopfung,
Appetitlosigkeit.

Anzahl Portionen: 2
Kalorien p. Portion 148
Gramm p. Portion   170,5
Kochdauer ca.   15 Min.
Allergene: AG
(Kohlehydrat:29% / Eiweiß & Fett:71%)
100g.≈ Eiweiß 12,1g. Fett:11,33g.
µg. - Ph:34,79 Na:27,37 Ka:60,2 Mg:5,76 Ca:40,04 Fe:0,24 Zn:0,19 Col.:1,88 Hsr.:6,09

Zutaten:
Brokkoli 200 g / 200g. (ja)
Topfen (Quark) 20% 80 g. / 80g. (ja)
Joghurt (natur, 1,5 % Fett) 1 EL / 10g. (ja)
Parmesan 2 EL / 15g. (wenig)
Zitrone Schale 1/2 TL / 1g. (ja)
Basilikum (frisch) 1 EL / 5g. (ja)
Lauchzwiebel Schnittlauch 1 EL / 5g. (ja)
Salz 1 Prise / 1g. (wenig)
Pfeffer gemahlen 1 Prise / 0,3g. ()
Toastbrot (Vollkorn) 6 Scheiben / 24g. (ja)

Kochanleitung:
Brokkoli zugedeckt in einem Siebeinsatz über Wasserdampf in 8 Min.
bissfest garen und fein hacken. Quark, Joghurt, Parmesan und
Zitronenschale gut verrühren und mit dem Brokkoli, Basilikum und
Schnittlauch vermischen. Den Aufstrich mit Salz und Pfeffer
abschmecken und auf dem knusprig getoasteten Brot servieren.

3.10 Buntes Reisgericht

Stärkt Immunsystem, Milz, Magen, Blut, Muskeln, Sehnen und
Knochen, fördert Verdauung, hilft Fett zu verdauen, harntreibend, senkt
Blutdruck, löst Stagnation, gut gegen Diabetes.
Anzahl Portionen: 3
Kalorien p. Portion 437
Gramm p. Portion   342,67
Kochdauer ca.   45 Min.
Allergene: L
(Kohlehydrat:63% / Eiweiß & Fett:37%)
100g.≈ Eiweiß 17,03g. Fett:10,23g.
µg. - Ph:7,97 Na:4,89 Ka:17,25 Mg:6,38 Ca:18,08 Fe:0,14 Zn:0,11 Col.:1 Hsr.:5,14

Zutaten:
Olivenöl 2 TL / 20g. (ja)
Zwiebel Frühlingszwiebel 1 Stück / 20g. (ja)
Rind Fleisch 125 g. / 125g. (ja)
Reis Vollkorn 80 g. / 80g. (ja)
Grundrezept für eine Gemüsebrühe nahrhaft 300 ml. / 300g. (ja)
Sellerie Knolle 50 g. / 50g. (ja)
Lauch (Porree) 1 Stück / 100g. (ja)
Bohnen (grün, frisch) 150 g. / 150g. (ja)
Karotte (Mohrrübe, Möhre) 1 Stück / 70g. (ja)
Tomate 2 Stück / 100g. (ja)
Salz 1 Prise / 0,5g. (wenig)
Pfeffer gemahlen 1 Prise / 0,2g. ()
Paprika (Rosenpaprikapulver) 1 Prise / 0,5g. (ja)
Kräuter verschiedene 2 EL / 12g. (ja)

Kochanleitung:
Lauch und Karotten waschen, putzen und kleinschneiden. Sellerie
würfeln, Tomaten in Scheiben schneiden. In einer großen, tiefen Pfanne
Öl erhitzen und die kleingeschnittene Zwiebel zusammen mit dem
Hackfleisch darin anbraten. Naturreis und vorbereitetes Gemüse
(Sellerie, Lauch, Bohnen, Möhre, Tomaten) dazugeben und kurz mit

andünsten. Mit Salz, Pfeffer und Paprika würzen, Gemüsebrühe hinzufügen, aufkochen lassen und bei geringer Hitze ca. 20 bis 30 Min. bei kleiner Hitze und geschlossenem Deckel garen lassen. Mit frischen gehackten Kräutern bestreuen und servieren.

3.11 Chicoréesalat mit Mandarinen

Löst Schleim, steckt voller Vitamine (A,B,C), fördert Verdauung, stärkt Magen, fördert Gewichtsabnahme. Gut bei: Abwehrschwäche, Appetitlosigkeit, Blähungen.

Anzahl Portionen: 3
Kalorien p. Portion 256
Gramm p. Portion 285,17
Kochdauer ca. 10 min.
Allergene: AGNO
(Kohlehydrat:75,45% / Eiweiß & Fett:24,55%)
100g.≈ Eiweiß 5,46g. Fett:7,69g.
µg. - Ph:8,48 Na:15,24 Ka:55,37 Mg:3,93 Ca:9,35 Fe:0,13 Zn:0,01 Col.:0 Hsr.:7,09

Zutaten:
Mandarine 4 Stück / 300g. (ja)
Chicorée 2-3 Stück / 300g. (ja)
Sesamöl 2 EL / 18g. (ja)
Pfeffer gemahlen 1 Prise / 0,5g. ()
Salz 1 Prise / 1g. (wenig)
Essig Aceto Balsamico 2 TL / 6g. (ja)
Orange 1/2 Stück / 70g. (ja)
Zitrone 1/2 Stück / 25g. (ja)
Paprika (Rosenpaprikapulver) 1 Prise / 1g. (ja)
Orangenmarmelade 1 TL / 4g. (wenig)
Sahne, süß 30% 1 EL / 10g. (wenig)
Weißbrot (Weizenbrot) 6 Scheiben / 120g. (wenig)

Kochanleitung:
Mandarinen schälen und in mundgerechte Stücke schneiden. Chicorée grob schneiden und beides vermischen. Dressing: Sesamöl, Pfeffer, Salz, Himbeeressig oder Balsamico-Essig, etwas Zitronen- oder Orangensaft, Rosenpaprika, Orangenmarmelade (ersatzweise eine andere Marmelade) und wenig süße Sahne gut durchrühren, über den Salat geben und kurz durchziehen lassen.

3.12 Cranberrisaft

Antibakteriell, harntreibend. Gut bei Appetitlosigkeit, Arteriosklerose, Blasenentzündung, Durchfall, Fieber, Gicht, Magengeschwür, Mundschleimhautentzündung, Rheuma. Gegen freie Radikale, gegen Erkältung. Beugt Vitamin-C-Mangel vor.

Anzahl Portionen: 1
Kalorien p. Portion 43
Gramm p. Portion 160
Kochdauer ca.   5 Min.
(Kohlehydrat:98,46% / Eiweiß & Fett:1,54%)
100g.≈ Eiweiß 0,14g. Fett:0,02g.
µg. - Ph:2,06 Na:1,53 Ka:11,69 Mg:1,16 Ca:4,22 Fe:0,09 Zn:0,1 Col.:0 Hsr.:3,12

Zutaten:
Cranberries 2 EL / 25g. (ja)
Wasser 1 Tasse / 125g. (ja)
Honig 1 EL / 10g. (wenig)

Kochanleitung:
Cranberries und etwas Wasser mit dem Pürierstab zu einem Brei mixen. Mit dem restlichen Wasser aufgießen und mit Honig süßen.

3.13 Dinkel mit Obst und Nüssen

Regt Appetit an, stoppt Durchfall, fördert Verdauung, lindert Müdigkeit, schützt vor Tumorleiden und Leukämie, wirkt förderlich bei Lebensmittelallergien, ist stoffwechselregulierend.

Anzahl Portionen: 3
Kalorien p. Portion 289
Gramm p. Portion 286,33
Kochdauer ca.   1 1/2 Stunden
Allergene: AH
(Kohlehydrat:76% / Eiweiß & Fett:24%)
100g.≈ Eiweiß 8,64g. Fett:6,67g.
µg. - Ph:9,7 Na:8,81 Ka:25,53 Mg:3,53 Ca:2,83 Fe:0,14 Zn:0,02 Col.:0 Hsr.:2,96

Zutaten:
Dinkel 1 Tasse / 120g. (ja)
Wasser 1 Tasse / 50g. (ja)
Apfel (süß) 1 Stück / 220g. (ja)
Aprikose 1 Stück / 200g. (ja)
Pfirsich 1 Stück / 120g. (ja)
Zimtpulver 1 Prise / 1g. (ja)
Kardamom 1 Prise / 1g. (ja)
Salz 1 Prise / 1g. (wenig)
Erdbeere 1 Tasse / 120g. (ja)

Mandelmus 1 EL / 15g. (ja)
Kakao 1 Prise / 1g. (ja)
Walnüsse 1 EL / 10g. (ja)

Kochanleitung:
Dinkel in heißem Wasser aufsetzen und gar kochen. Danach: Süßes, kleingeschnittenes Obst (Äpfel, Aprikosen, Pfirsiche) in wenig heißem Wasser mit etwas Zimt kurz andünsten. Gemahlenen Kardamom und/oder Koriander, eine kleine Prise Salz, den gekochten Dinkel und evtl. Erdbeeren (nach Jahreszeit) dazugeben und erhitzen. Mit Kakao und gerösteten Nüssen überstreuen.

3.14 Erfrischende Gurkensuppe mit Kartoffeln

Harntreibend, entgiftend, unterdrückt Umwandlung von Zucker in Fett, senkt Cholesterinspiegel, lindert Entzündungen, verbessert Verdauung, löst Stagnation, fördert Durchblutung, fördert Appetit.

Anzahl Portionen: 3
Kalorien p. Portion 148
Gramm p. Portion 307,33
Kochdauer ca. 15 Min
Allergene: GN
(Kohlehydrat:70% / Eiweiß & Fett:30%)
100g.≈ Eiweiß 3,93g. Fett:5,09g.
µg. - Ph:3,72 Na:0,77 Ka:23,54 Mg:1,43 Ca:2 Fe:0,05 Zn:0,02 Col.:0 Hsr.:1,19

Zutaten:
Sesamöl 1 EL / 10g. (ja)
Kartoffel 4 Stück / 300g. (ja)
Zwiebel Frühlingszwiebel 3 Stück / 60g. (ja)
Pfeffer gemahlen 1 Prise / 0,5g. ()
Muskatnuss 1 Prise / 1g. (ja)
Salz 1 Prise / 1g. (wenig)
Zitrone 1/2 Stück / 25g. (ja)
Gurke 2 Stück / 500g. (ja)
Sahne, süß 30% 1 EL / 10g. (wenig)
Dill 1 EL / 15g. (ja)

Kochanleitung:
Kleingeschnittene Kartoffeln und reichlich Frühlingszwiebeln in Sesamöl anbraten und mit Pfeffer, etwas Muskat, Salz und Zitronensaft würzen. Heißes Wasser und gewürfelte Salatgurke dazugeben, ca. 10 Min. dünsten und danach pürieren. Etwas süße Sahne nach Belieben und frischen Dill zufügen. Variante: Etwas Chili, Oregano, Thymian oder Rosmarin dazugeben, um die abkühlende Wirkung zu mildern.

3.15 Fein gewürzte Zucchini mit Tomaten

Harntreibend, fördert Verdauung, hilft Fett zu verdauen, senkt Blutdruck, löst Stagnation, antioxidativ, erwärmt den Körper von innen, erweitert die Gefäße.

Anzahl Portionen: 4
Kalorien p. Portion 203
Gramm p. Portion 396,5
Kochdauer ca. 10 Min.
(Kohlehydrat:71,84% / Eiweiß & Fett:28,16%)
100g.≈ Eiweiß 5,39g. Fett:6,62g.
µg. - Ph:10,4 Na:0,79 Ka:35,33 Mg:6,3 Ca:5,58 Fe:0,26 Zn:0,02 Col.:0 Hsr.:5,53

Zutaten:
Olivenöl 1 EL / 20g. (ja)
Zwiebel weiss 2 Stück / 120g. (ja)
Zucchini 4 Stück / 800g. (ja)
Oregano getrocknet 1 Prise / 1g. (ja)
Basilikum (frisch) 6-8 Blatt / 3g. (ja)
Salz 1 Prise / 1g. (wenig)
Tomate 2 Stück / 120g. (ja)
Reis Vollkorn 1 Tasse / 120g. (ja)
Wasser 6 Tassen / 400g. (ja)
Salz 1 Prise / 1g. (wenig)

Kochanleitung:
Fein geschnittene Zwiebeln und klein geschnittene Zucchini in Olivenöl in einer Pfanne anbraten, bis sie halb gar sind und reichlich getrockneten Oregano dazugeben. Salzen und klein geschnittene Tomaten einige Minuten mitdünsten, bis die Zucchini gar, aber noch knackig sind. Mit frischem Basilikum anrichten. Variante: Über die Tomaten etwas Schafskäse geben und mit geschlossenem Deckel zu Ende garen. Den Reis im gesalzenen Wasser aufsetzen, aufkochen lassen und bei kleiner Hitze ca. 15 Min. quellen lassen.

3.16 Fenchel-Kartoffel-Auflauf

Lindert Entzündungen, verbessert Durchblutung, verbessert Verdauung, harntreibend, senkt Cholesterinspiegel. Gut bei Appetitlosigkeit, Blähungen, Darmentzündungen, Sodbrennen. Stärkt Magensaftproduktion.

Anzahl Portionen: 2
Kalorien p. Portion 147
Gramm p. Portion 230,5
Kochdauer ca. 1 1/2 Stunden
Allergene: CGL
(Kohlehydrat:63% / Eiweiß & Fett:32%)
100g.≈ Eiweiß 5,72g. Fett:5,42g.
µg. - Ph:15 Na:12,98 Ka:80,91 Mg:13,52 Ca:40,41 Fe:0,41 Zn:0,09 Col.:7,81 Hsr.:3,64

Zutaten:
Fenchel 200 g. / 200g. (ja)
Kartoffel 125 g. / 125g. (ja)
Grundrezept für eine Gemüsebrühe nahrhaft 100 ml. / 100g. (ja)
Butter Bio 1 TL / 3g. (wenig)
Reismehl 2 TL / 6g. (ja)
Sahne sauer 10% 1 TL / 3g. (ja)
Salz 1 Prise / 1g. (wenig)
Zucker Ursüße (Zuckerrohr) süß 1 Prise / 1g. (wenig)
Huhn Eigelb 1 Stück / 10g. (ja)
Pfeffer Cayenne 1 Prise / 0,5g. (ja)
Muskatnuss 1 Prise / 0,5g. (ja)
Petersilie 1 TL / 2g. (ja)
Lauchzwiebel Schnittlauch 1 TL / 3g. (ja)
Parmesan 1 TL / 3g. (wenig)
Butter Bio 1 TL / 3g. (wenig)

Kochanleitung:
Kartoffeln in der Schale kochen, abkühlen lassen und dann schälen.
Fenchel waschen, Stiele abschneiden und evtl. äußere Blätter
entfernen. Fenchelgrün zurückhalten und später mit den anderen
Kräutern zur Soße geben. Fenchelknollen ca. 15-20 Min. dünsten.
Danach Kartoffeln und Fenchel in Scheiben schneiden und
schichtweise in eine gefettete Auflaufform geben. Flüssigkeit aus
Fenchelbrühe zum Kochen bringen und mit Mehl binden. Mit Meersalz,
Cayennepfeffer, Zucker, Muskat und saurer Sahne abschmecken.
Abkühlen lassen und mit Eigelb legieren. Die Soße über den Auflauf
verteilen, mit Parmesan, fein gehackter Petersilie und Schnittlauch
bestreuen. Alles 30 Min. bei ca. 200 Grad im Backofen überbacken.

3.17 Fenchel-Reissuppe

Stärkt Magen, lindert Verstopfung, regt Nerven an, entgiftet, lindert Entzündungen, verbessert Durchblutung.

Anzahl Portionen: 2
Kalorien p. Portion 156
Gramm p. Portion 234
Kochdauer ca. 15-20 Min.
Allergene: EG
(Kohlehydrat:88,32% / Eiweiß & Fett:11,68%)
100g.≈ Eiweiß 3,57g. Fett:6,65g.
µg. - Ph:14,68 Na:32,47 Ka:82,14 Mg:105,79 Ca:110,69 Fe:0,54 Zn:0,06 Col.:1,92 Hsr.:4,9

Zutaten:
Grundrezept für eine Reissuppe (Congee) 300 ml. / 300g. (ja)
Fenchel 1/2 Stück / 150g. (ja)
Butter Bio 1 EL / 15g. (wenig)
Sojasauce 1 Schuss / 3g. (ja)

Kochanleitung:
Fenchel in der Reissuppe (nach Grundrezept) weich kochen. Vor dem Servieren ein Stück Butter und etwas Sojasoße zugeben.

3.18 Frühstück - Reis mit Früchten

Gut bei Durchblutungsstörungen, Thrombose, Emboliegefahr, Bluthochdruck, Kopfschmerzen, nach Herzinfarkt und Schlaganfall zu empfehlen, befeuchtet Darm, fördert Blutaufbau, fördert Verdauung, lindert Entzündungen.

Anzahl Portionen: 3
Kalorien p. Portion 230
Gramm p. Portion 282
Kochdauer ca. 10 min. - 3 Stunden
Allergene: GHO
(Kohlehydrat:90% / Eiweiß & Fett:10%)
100g.≈ Eiweiß 3,59g. Fett:7,61g.
µg. - Ph:3,19 Na:0,7 Ka:8,57 Mg:20,72 Ca:21,22 Fe:0,05 Zn:0,02 Col.:0,54 Hsr.:0,92

Zutaten:
Grundrezept für eine Reissuppe (Congee) 6 Tassen / 500g. (ja)
Kuhmilch (Vollmilch 3,5 % Fett) 1/2 bis 1 Tasse / 80g. (ja)
Honig 1 EL / 10g. (wenig)
Butter Bio 1 EL / 15g. (wenig)
Datteln getrocknet 1 EL / 15g. (wenig)
Feige 1 EL / 15g. (ja)
Apfel (sauer) 1 Stück / 200g. (ja)

Haselnüsse 1/2 EL / 5g. (ja)
Mandeln 1/2 EL / 5g. (ja)
Zimtpulver 1 Prise / 1g. (ja)

Kochanleitung:
Reis-Congee nach Grundrezept kochen oder vorgekocht verwenden.
Mit der Milch flüssiger machen und mit Honig süßen. Früchte und
Nüsse in Butter anbraten und mit der fertigen Reissuppe vermischen.
Datteln, Feigen und den Apfel kleingeschnitten zufügen.

3.19 Frühstück mit Käse

Körperschwäche, Magendruck, Aufstoßen, Diabetes, akute oder
chronische Verstopfung des Darmes, Hautprobleme. Kaffee wirkt
harntreibend, regt Appetit an, entgiftet, erhöht Blutzucker, harmonisiert
Herz-Rhythmus.
Anzahl Portionen: 1
Kalorien p. Portion 512
Gramm p. Portion   324
Kochdauer ca.   10 Min.
Allergene: AGO
(Kohlehydrat:47,95% / Eiweiß & Fett:52,05%)
100g.≈ Eiweiß 21,38g. Fett:30,96g.
µg. - Ph:145,95 Na:235,6 Ka:118,65 Mg:23,16 Ca:98,48 Fe:0,91 Zn:1,2 Col.:7,47
Hsr.:21,31

Zutaten:
Wasser 1 Tasse / 120g. (ja)
Kaffee 2 TL / 4g. (ja)
Vollkornbrot 2 Scheiben / 100g. (ja)
Margarine 10 g. / 10g. (wenig)
Edamer 30 g. / 30g. (ja)
Erdbeermarmelade 20 g. / 20g. (wenig)
Topfen (Quark) 20% 40 g. / 40g. (ja)

Kochanleitung:
Kaffee wie gewohnt zubereiten. Zucker vermeiden oder Süßstoff
verwenden. Bestreichen Sie die Brote mit Margarine und geben Sie den
Käse und die Marmelade zur Auswahl auf den Frühstückstisch.
Dekorativ anrichten erhöht den Appetit.

3.20 Gegrillte Tomaten mit Käsefüllung

Fördert Verdauung, hilft Fett zu verdauen, harntreibend, senkt Blutdruck, regt Verdauung an.

Anzahl Portionen: 2
Kalorien p. Portion 469
Gramm p. Portion 319,5
Kochdauer ca. 30 Min.
Allergene: ACG
(Kohlehydrat:38% / Eiweiß & Fett:62%)
100g.≈ Eiweiß 18,89g. Fett:30,98g.
µg. - Ph:25,05 Na:101,57 Ka:41,33 Mg:3,14 Ca:21,11 Fe:0,17 Zn:0,12 Col.:13,64 Hsr.:4,36

Zutaten:
Tomate 8 Stück / 200g. (ja)
Schafskäse 75 g. / 75g. (ja)
Frischkäse 75 g. / 75g. (ja)
Huhn Ei 1 Stück / 60g. (ja)
Olivenöl 1 EL / 12g. (ja)
Basilikum (frisch) 1 EL / 6g. (ja)
Salz 1 Prise / 1g. (wenig)
Pfeffer gemahlen 1 Prise / 0,5g. ()
Oliven 30 g. / 30g. (ja)
Rucola Rauke 10 dag. / 100g. ()
Weißbrot (Weizenbrot) 4 Scheiben / 80g. (wenig)

Kochanleitung:
Tomaten großzügig aushöhlen und in eine Auflaufform setzen. Käse, Olivenöl, Ei, gehackten Basilikum und Mehl verrühren, mit Salz und Pfeffer würzen und in die Tomaten füllen .Im vorgeheizten Ofen bei 210 Grad auf der mittleren Schiene 15 Min. backen, dann den Backofengrill zuschalten und weitere 3 Min. übergrillen (ohne Umluft). Die Oliven entsteinen, hacken und auf die Tomaten streuen. Tomaten mit Rucola garnieren und mit Weißbrot servieren.

3.21 Gekochter Selleriesalat mit exotischen Gewürzen

Stärkt Magen, bindet Wasser im Darm, antibakteriell, blutbildend, blutreinigend, entzündungshemmend, harntreibend, fördert Durchblutung.

Anzahl Portionen: 4
Kalorien p. Portion 165
Gramm p. Portion 341,12
Kochdauer ca. 30 Min.
Allergene: GLMNO
(Kohlehydrat:47,77% / Eiweiß & Fett:52,23%)
100g.≈ Eiweiß 5,56g. Fett:9,14g.
µg. - Ph:13,51 Na:24,66 Ka:69,44 Mg:3,02 Ca:20,16 Fe:0,1 Zn:0,01 Col.:0,2 Hsr.:12,08

Zutaten:
Sellerie Knolle 1 1/2 Stück / 900g. (ja)
Joghurt (natur, 3,5 % Fett) 1 Becher / 250g. (ja)
Sauerrahm 15% Fett 2 EL / 20g. (wenig)
Kurkuma (Gelbwurz) 1 Prise / 1g. (ja)
Sesamöl 1 EL / 20g. (ja)
Pfeffer gemahlen 1 Prise / 0,5g. ()
Zitronengras 1 Prise / 1g. (ja)
Zwiebel weiss 1/2 Stück / 25g. (ja)
Senf 1/2 TL / 1g. (ja)
Schwarzkümmel 1 Prise / 1g. (ja)
Salz 1 Prise / 1g. (wenig)
Zitrone Saft 1 Stück / 40g. (ja)
Apfel (sauer) 1/2 Stück / 100g. (ja)
Paprika (Rosenpaprikapulver) 1 Prise / 1g. (ja)
Essig (Apfelessig) 1 Schuss / 3g. (ja)

Kochanleitung:
Den Sellerie waschen, schälen und in dicke Scheiben schneiden. In heißem Wasser gar kochen und in längliche, mundgerechte Streifen schneiden. Dressing: Etwas Joghurt, Sauerrahm, Kurkuma, Sesamöl, Pfeffer, Zitronengraspulver, fein geschnittene Zwiebel, etwas Senf, Salz, zerstoßenen Schwarzkümmel, etwas kaltes Wasser, Zitronensaft oder Essig gut vermengen. Den halben säuerlichen Apfel kleingeschnitten, etwas Rosenpaprika und den lauwarmen Sellerie dazugeben und gut vermischen. 2-3 Std. oder über Nacht ziehen lassen. Ideal als Ersatz für Rohkost, auf die man wegen Verdauungsschwäche verzichten möchte.

3.22 Gemüseeintopf mit provenzalischer Pistou

Stärkt Magen, Milz und Leber, senkt Blutdruck, bakterizid, stärkt Immunsystem, beugt Krebs vor, reduziert Strahlenverletzungen, löst Stagnation, lindert Verstopfung, produziert Muttermilch.

Anzahl Portionen: 8
Kalorien p. Portion 137
Gramm p. Portion 323,12
Kochdauer ca. 1 1/2 Stunden
Allergene: AGL
(Kohlehydrat:75% / Eiweiß & Fett:25%)
100g.≈ Eiweiß 5,89g. Fett:6,34g.
µg. - Ph:0,65 Na:0,64 Ka:2,48 Mg:1,06 Ca:4,28 Fe:0,02 Zn:0 Col.:0,01 Hsr.:0,25

Zutaten:
Tomate 200 g. / 200g. (ja)
Olivenöl 2 EL / 30g. (ja)
Knoblauch 1 Zehe / 5g. (ja)
Toastbrot (Vollkorn) 1 Scheibe / 5g. (ja)
Parmesan 30 g. / 30g. (wenig)
Basilikum (frisch) 1 Bund / 125g. (ja)
Salz 1 Prise / 2g. (wenig)
Pfeffer gemahlen 1 Prise / 1g. ()
Oregano getrocknet 1 TL / 3g. (ja)
Grundrezept für eine Gemüsebrühe nahrhaft 1 1/4 Liter / 1250g. (ja)
Karotte (Mohrrübe, Möhre) 150 g. / 150g. (ja)
Sellerie Knolle 100 g. / 100g. (ja)
Brokkoli 200 g. / 200g. (ja)
Fenchel 1 Stück / 250g. (ja)
Thymian getrocknet 1/2 TL / 2g. (ja)
Oregano getrocknet 1/2 TL / 2g. (ja)
Lorbeerblatt 1 Stück / 0,5g. (ja)
Erbse, grün 50 g. / 50g. (ja)
Zwiebel Frühlingszwiebel 4 Stück / 80g. (ja)
Kartoffel 100 g. / 100g. (ja)

Kochanleitung:
Soße: Tomaten abziehen, in kleine Stücke schneiden und zusammen mit fein gehacktem Knoblauch in Olivenöl ein wenig einkochen. Toastbrot (zerkrümelt), frischen fein geriebenen Parmesan, fein geschnittenen Basilikum, Oregano, Salz und Pfeffer dazugeben.
Suppe: Gemüsebrühe nach Grundrezept zum Kochen bringen, in grobe Scheiben geschnittene Karotten, würfelig geschnittenen Sellerie, würfelig geschnittene Kartoffel, kleine Röschen Brokkoli, kleingeschnittene Fenchelknolle, Erbsen, Thymian, Oregano und das

Lorbeerblatt hinzufügen und 10 Min. kochen lassen. Frühlingszwiebeln in dünne Ringe geschnitten zufügen und weitere 2 Min. mitkochen. Einige Esslöffel Soße in eine Suppenschüssel füllen und kochend heiße Brühe damit verrühren. Nach und nach die Soße mit der Suppe mischen.

3.23 Gemüse-Grieß-Suppe

Harntreibend, harmonisiert Magen und Darm, senkt Blutdruck, regt Verdauung an, reduziert Schmerzen, senkt Cholesterinspiegel, entgiftet. Gut bei Appetitlosigkeit, Blähungen, Darmentzündungen, Sodbrennen, Zwölffingerdarmgeschwüren.

Anzahl Portionen: 3
Kalorien p. Portion 199
Gramm p. Portion 459,67
Kochdauer ca. 20 Min.
Allergene: AEGL
(Kohlehydrat:78,84% / Eiweiß & Fett:21,16%)
100g.≈ Eiweiß 6,38g. Fett:7,03g.
µg. - Ph:12,79 Na:13,89 Ka:69,81 Mg:18,98 Ca:66,25 Fe:0,28 Zn:0,04 Col.:0,39 Hsr.:8,64

Zutaten:
Grundrezept für eine Gemüsebrühe nahrhaft 1/2 Liter / 500g. (ja)
Kartoffel 1 Stück / 80g. (ja)
Pastinake 1 Stück / 180g. (ja)
Karotte (Mohrrübe, Möhre) 1 Stück / 120g. (ja)
Sellerie Knolle 150 g. / 150g. (ja)
Kohlrabi 1/2 Stück / 200g. (ja)
Bohnen (grün, frisch) 10 dag. / 100g. (ja)
Weizen Gries 2 EL / 24g. (ja)
Liebstöckel 1/2 TL / 2g. (ja)
Butter Bio 1 EL / 20g. (wenig)
Sojasauce 1 TL / 3g. (ja)

Kochanleitung:
Vorbereitete Gemüsebrühe erhitzen und buntes Gemüse darin weich kochen. Etwas Weizengrieß einstreuen und quellen lassen. Am Schluss reichlich Liebstöckelgrün und etwas Butter unterrühren und mit Sojasoße abschmecken.

3.24 Gemüse-Miso-Suppe mit Tofu

Sehr kräftigend, stärkt nach fiebriger Erkrankung, senkt Blutdruck, stärkt Immunsystem, beugt Krebs vor, reduziert Strahlenverletzungen, fördert Durchblutung, stärkt Magen, Leber und Nieren, entgiftet, stärkt Muskeln, lindert Blähungen.

Anzahl Portionen: 4
Kalorien p. Portion 107
Gramm p. Portion   247,75
Kochdauer ca.   15 Min.
Allergene: EN
(Kohlehydrat:22,33% / Eiweiß & Fett:77,67%)
100g.≈ Eiweiß 1,86g. Fett:9,4g.
µg. - Ph:3,93 Na:13,88 Ka:10,98 Mg:1,98 Ca:4,08 Fe:0,07 Zn:0,01 Col.:0 Hsr.:1,45

Zutaten:
Sesamöl 2 EL / 35g. (ja)
Zwiebel Schalotte 1 Stück / 20g. (ja)
Karotte (Mohrrübe, Möhre) 1 Stück / 70g. (ja)
Lauch (Porree) 5 cm / 10g. (ja)
Wasser 3/4 Liter / 750g. (ja)
Endiviensalat 2 EL / 30g. (ja)
Soja Tofu 2 EL / 30g. (ja)
Ingwer frisch 1/2 TL / 1g. (ja)
Miso 2 EL / 15g. (ja)

Kochanleitung:
In Sesamöl erst Zwiebeln, dann Karotten sowie den Lauch anbraten und mit Wasser aufgießen und leise köcheln lassen. Sojasprossen und Endivienblätter zugeben und ziehen lassen. Tofuwürfel und etwas Ingwer zugeben und zum Schluss in etwas abgekühltem Kochwasser gelöstes Miso einrühren.

3.25 Geröstete Hirse mit Pflaumenkompott

Harntreibend, stärkt Milz und Nieren, stärkt die Abwehr, gut bei Pilzinfektionen.

Anzahl Portionen: 4
Kalorien p. Portion 139
Gramm p. Portion   218,25
Kochdauer ca.   30 Min.
(Kohlehydrat:85% / Eiweiß & Fett:15%)
100g.≈ Eiweiß 3,57g. Fett:1,24g.
µg. - Ph:2,99 Na:0,1 Ka:4,37 Mg:1,68 Ca:0,78 Fe:0,09 Zn:0,03 Col.:0 Hsr.:0,93

Zutaten:
Hirse 1 Tasse / 120g. (ja)
Wasser 2 Tassen / 250g. (ja)
Pflaume 2 Tassen / 250g. (ja)
Vanilleschote 1 Prise / 1g. (ja)
Wasser 250 g. / 250g. (ja)
Zimtpulver 1 Prise / 1g. (ja)
Acerola Fruchtnektar oder Pulver 1/2 TL / 1g. (wenig)

Kochanleitung:
Hirse kurz anrösten, mit Wasser übergießen, kurz aufkochen und 20 Min. quellen lassen. Pflaumen mit Wasser, Vanille und Zimt 10 Min. kochen und abseihen. Acerola dazugeben und zu der Hirse reichen.

\.26 Gerstenbratlinge

erbessert Verdauung, senkt Cholesterinspiegel. Gut bei Durchfall,
schwüren, Gliederschmerzen und Magenproblemen. Stärkt Milz,
er und Immunsystem, senkt Blutdruck, bakterizid, beugt Krebs vor,
ziert Strahlenverletzungen.

ıl Portionen: 3
ən p. Portion   398
ı p. Portion   292,67
uer ca.   1 1/2 Stunden
ıe: ACN
rdrat:63% / Eiweiß & Fett:37%)
iweiß 8,38g. Fett:19,69g.
,07 Na:4,18 Ka:17,24 Mg:2,02 Ca:2,5 Fe:0,08 Zn:0,04 Col.:2,76 Hsr.:2,93

Tassen / 250g. (ja)
ützе 1 Tasse / 120g. (ja)
Stück / 140g. (ja)
hrrübe, Möhre) 1 Stück / 120g. (ja)
ı 2-3 Stück / 25g. (ja)
ück / 55g. (ja)
s 1 Stück / 50g. (ja)
1/2 TL / 1g. (ja)
'en 1 Prise / 0,5g. ()
g. (wenig)
ık / 15g. (ja)
15g. (ja)
aprikapulver) 1 Prise / 1g. (ja)
50g. (ja)
l) 1 Stück / 35g. (wenig)

Kochanleitung:

Vorbereitung: 2 große Tassen heißes Wasser in einen Topf geben, 1 große Tasse Thermo-Gerstengrütze dazugeben und 2 Min. unter Rühren köcheln lassen. Dann 20 Min. auf der ausgeschalteten Herdplatte quellen lassen, herunternehmen und abkühlen lassen. Eine große Kartoffel kleinschneiden und in Wasser kochen. Brötchen in heißem Wasser einweichen und dann gut ausdrücken. Danach die Gerstengrütze, die zerdrückte Kartoffel und das Brötchen vermengen und folgendes zufügen: 1 geraspelte Karotte, 2-3 kleingehackte Champignons, 1 Ei, 1 fein gehackte Zwiebel, ½ TL geriebenen Ingwer, je eine Prise Salz und Pfeffer, etwas Zitronensaft, gehackte Petersilie und reichlich Rosenpaprika. Alles gut durchkneten und Bratlinge formen. In einer heißen Pfanne Sesamöl erhitzen und die Bratlinge etwa 15 Min. bei schwacher Hitze ausbacken. Nach der Hälfte der Zeit wenden. Dazu passt: Blattsalat, Sojasprossengemüse.

3.27 Gerstenbrei mit Beeren

Harntreibend, stärkt Magen, befeuchtet Darm und Haut, entspannt, stillt Husten, führt leicht ab, stärkt Nieren, fördert Verdauung, entgiftet, treibt Schweiß, reduziert Blutfett, regt an, löst Stagnation.

Anzahl Portionen: 5
Kalorien p. Portion 113
Gramm p. Portion 318,6
Kochdauer ca. 2 Stunden
Allergene: A
(Kohlehydrat:82,48% / Eiweiß & Fett:17,52%)
100g.≈ Eiweiß 4,02g. Fett:0,78g.
µg. - Ph:7,36 Na:0,55 Ka:13,46 Mg:3,14 Ca:2,78 Fe:0,08 Zn:0,01 Col.:0 Hsr.:2,4

Zutaten:

Wasser 10 Tassen / 1200g. (ja)
Gerste 1 Tasse / 120g. (ja)
Ingwer frisch 2 Scheiben / 2g. (ja)
Kardamom 3 Kapseln / 1g. (ja)
Salz 1 Prise / 1g. (wenig)
Himbeere 250 g. / 250g. (ja)
Kakao 1 Prise / 1g. (ja)
Gerstenmalz 1 EL / 15g. (ja)
Zitronenmelisse (frisch) 2-4 Blätter / 3g. (ja)

Kochanleitung:
Gerste mit Wasser, Ingwer und Kardamomkapseln in einem großen
Topf aufkochen. Mit einem Deckel fest verschließen und auf kleiner
Stufe etwa 2 Std. lang kochen. Für 2 Portionen vom gekochten
Gerstenbrei etwa 2 Schöpflöffel in eine Schüssel geben. Mit
Sonnenblumenkernen, Malz, Kakaopulver und einer Prise Salz
verrühren. Frische Beeren in den Brei rühren und mit frischer Minze
oder Melisse bestreut servieren. Tipp: Der vorgekochte Gerstenbrei
(ohne Früchte) kann gut im Kühlschrank aufbewahrt und sowohl für
süße als auch für pikante Gerichte verwendet werden, z.B. mit
gedünstetem Gemüse oder mit Kompott aus Früchten der Saison.

3.28 Gerstenbrei mit gedünsteter Birne

Fördert Verdauung, harntreibend, stärkt Milz und Magen, kühlt Blase,
befeuchtet Darm und Haut, entspannt, schweißtreibend.

Anzahl Portionen: 5
Kalorien p. Portion 113
Gramm p. Portion   305,8
Kochdauer ca.   25 Min.
Allergene: A
(Kohlehydrat:86% / Eiweiß & Fett:14%)
100g.≈ Eiweiß 3,26g. Fett:0,72g.
µg. - Ph:1,16 Na:0,11 Ka:2,09 Mg:0,44 Ca:0,33 Fe:0,01 Zn:0,01 Col.:0 Hsr.:0,42

Zutaten:
Wasser 10 Tassen / 1200g. (ja)
Gerste 1 Tasse / 120g. (ja)
Ingwer frisch 2 Scheiben / 2g. (ja)
Kardamom 3 Kapseln / 1g. (ja)
Salz 1 Prise / 1g. (wenig)
Birne 1 Stück / 200g. (ja)
Zucker Ursüße (Zuckerrohr) süß 1/2 EL / 5g. (wenig)

Kochanleitung:
Die Gerste zu grobem Schrot mahlen und trocken anrösten. Heißes
Wasser aufgießen, Ingwer und Kardamom hinzufügen und bei wenig
Hitze zu einem Brei quellen lassen. Birne schälen und würfeln und mit
wenig Wasser 10 Min. dünsten. Am Ende die gedünstete Birne mit
etwas Butter und Süßmittel zur Gerste geben. Variante: Wenn es
morgens schnell gehen soll, kann man an Stelle von Schrot
Gerstenflocken verwenden.

3.29 Grießsuppe mit Gemüse

Senkt Blutdruck, stärkt Immunsystem, beugt Krebs vor, stärkt Magen, löst Stagnation, fördert Gewichtsabnahme. Gut bei Abwehrschwäche, Appetitlosigkeit, Blähungen, Bluthochdruck, Depressionen, Diabetes, Durchfall, Rheuma, Sodbrennen, Zwölffingerdarmgeschwü

Anzahl Portionen: 3
Kalorien p. Portion 106
Gramm p. Portion 237,7
Kochdauer ca. 20 Min.
Allergene: AGL
(Kohlehydrat:85,32% / Eiweiß & Fett:14,68%)
100g.≈ Eiweiß 2,38g. Fett:4,25g.
µg. - Ph:8,65 Na:9,11 Ka:25,61 Mg:28,49 Ca:112,45 Fe:0,33 Zn:0,03 Col.:0 Hsr.:5,1

Zutaten:
Grundrezept für eine Gemüsebrühe nahrhaft 1/2 Liter / 500g. (ja)
Weizen Gries 2 EL / 20g. (ja)
Liebstöckel 1/2 TL / 2g. (ja)
Basilikum (frisch) 1/2 TL / 1g. (ja)
Muskatnuss 1 Prise / 0,1g. (ja)
Karotte (Mohrrübe, Möhre) 100 g. / 100g. (ja)
Sellerie Knolle 50 g. / 50g. (ja)
Sahne, süß 30% 3 EL / 30g. (wenig)
Petersilie 1 EL / 10g. (ja)

Kochanleitung:
Grieß ohne Fett in einer Pfanne anrösten. Kleingeschnittene Karotten und Sellerie kurz mitrösten. Mit der Gemüsesuppe aufgießen, mit Liebstöckel und Muskatnuss würzen und 10 Min. köcheln lassen. Vor dem Servieren die Sahne einrühren und mit Petersilie garnieren.

3.30 Grundrezept für eine Hühnerbrühe

Stärkt Blut, baut Milz und Magen auf, stärkt Knochenmark, senkt Blutdruck, bakterizid, stärkt Immunsystem, beugt Krebs vor, reduziert Strahlenverletzungen, fördert Schwitzen, löst Stagnation. Gut bei Appetitlosigkeit und Blähungen.

Anzahl Portionen: 9
Kalorien p. Portion 90
Gramm p. Portion 244,89
Kochdauer ca. 2-3 Stunden
Allergene: L
(Kohlehydrat:10,44% / Eiweiß & Fett:89,56%)
100g.≈ Eiweiß 15,69g. Fett:11,57g.
µg. - Ph:7,72 Na:5,27 Ka:16,86 Mg:1,2 Ca:3,41 Fe:0,1 Zn:0 Col.:0,25 Hsr.:8,27

Zutaten:
Huhn Fleisch 1/2 Stück / 600g. (ja)
Karotte (Mohrrübe, Möhre) 2 Stück / 150g. (ja)
Lauch (Porree) 1 Stange / 45g. (ja)
Sellerie Knolle 1 Stück / 500g. (ja)
Ingwer frisch 2 Scheiben / 2g. (ja)
Bockshornklee 1 TL / 2g. (ja)
Wacholderbeere 1 TL / 3g. (ja)
Lorbeerblatt 3 Stück / 2g. (ja)
Wasser 1 Liter / 900g. (ja)

Kochanleitung:
Hühnerteile von Fett befreien, in einen Topf mit heißem Wasser geben,
kurz aufkochen lassen und entstehenden Schaum abschöpfen. Grob
geschnittenes Gemüse und alle Gewürze zugeben und 2-3 Std. bei
mittlerer Hitze kochen, dann alles abseihen. Tipp: Wenn Sie das Fleisch
als Suppeneinlage verwenden möchten, bereits nach 45 Min.
herausnehmen und nur die Knochen in der Suppe lassen.

3.31 Grundrezept für eine nahrhafte Gemüsebrühe

Senkt Blutdruck und Blutfett, bakterizid, stärkt Immunsystem, beugt
Krebs vor, stärkt Magen, löst Stagnation, fördert Gewichtsabnahme,
hilft bei Appetitlosigkeit, Blähungen, Bluthochdruck, Depressionen,
Diabetes, Durchfall.
Anzahl Portionen: 5
Kalorien p. Portion 48
Gramm p. Portion   240,6
Kochdauer ca.   2-3 Stunden
Allergene: L
(Kohlehydrat:71,3% / Eiweiß & Fett:28,7%)
100g.≈ Eiweiß 1,57g. Fett:1,31g.
µg. - Ph:4,86 Na:3,67 Ka:25,68 Mg:1,8 Ca:6,32 Fe:0,1 Zn:0,01 Col.:0 Hsr.:2,78

Zutaten:
Olivenöl 1 EL / 4g. (ja)
Zwiebel weiss 1 Stück / 60g. (ja)
Karotte (Mohrrübe, Möhre) 3 Stück / 200g. (ja)
Pastinake 150 g. / 150g. (ja)
Sellerie Knolle 1 Tasse / 100g. (ja)
Ingwer frisch 1/2 TL / 2g. (ja)
Zitrone 1/2 Stück / 25g. (ja)
Wacholderbeere 6 Stück / 6g. (ja)
Thymian getrocknet 1 Prise / 1g. (ja)
Liebstöckel 1 EL / 3g. (ja)

Lorbeerblatt 2 Blätter / 1g. (ja)
Salz 1 Prise / 1g. (wenig)
Wasser 3/4 Liter / 650g. (ja)

Kochanleitung:
Gemüse würfelig schneiden. Öl in einem Topf erhitzen, die Zwiebel und das Gemüse darin anbraten, Ingwer und Lorbeer zugeben. Mit kaltem Wasser aufgießen, Zitronensaft zufügen und mit Wacholder, Thymian und Liebstöckel würzen. 2-3 Std. auf kleiner Stufe zugedeckt köcheln lassen. Brühe durch ein Sieb streichen und im Kühlschrank aufbewahren. Sie dient als Suppengrundlage und verfeinert Gemüse, Hülsenfrüchte oder Getreide.

3.32 Grundrezept für eine Reissuppe (Congee)

Niedriger Fettgehalt, zur Entwässerung des Körpers bei Übergewicht und Bluthochdruck.
Anzahl Portionen: 3
Kalorien p. Portion 140
Gramm p. Portion   273,33
Kochdauer ca.   2-4 Stunden
(Kohlehydrat:89,71% / Eiweiß & Fett:10,29%)
100g.≈ Eiweiß 2,96g. Fett:0,48g.
µg. - Ph:5,85 Na:0,58 Ka:5,02 Mg:3,41 Ca:1,72 Fe:0,03 Zn:0,02 Col.:0 Hsr.:6,34

Zutaten:
Reis Sorte beliebig 1 Tasse / 120g. (ja)
Wasser 6 Tassen / 700g. (ja)

Kochanleitung:
Man kocht Reis und Wasser in einem Verhältnis von etwa 1:6. Die Menge des Wassers bestimmt die Dicke des Breis (reine Geschmackssache). Der Reis quillt unwahrscheinlich auf, nehmen Sie also nicht viel. Geben Sie den Reis in einen Topf mit einem schweren Deckel. Wichtig ist, den Reis nach kurzem Aufkochen nur auf kleinster Stufe köcheln zu lassen, da er sonst anbrennt. Kochen Sie den Reis 2-4 Stunden. Je länger er kocht, desto stärkender wirkt er. Wenn Sie das Gericht zum Frühstück essen möchten, können Sie den Reis auch kurz vor dem Zubettgehen aufsetzen. Sicherheitshalber sollten Sie vorher einmal unter Beobachtung für eine ähnlich lange Zeit das Verhalten Ihres Topfes und Herdes prüfen, damit nichts anbrennt.

3.33 Gurkensalat

Gurke kühlt und befeuchtet, entgiftet, unterdrückt Umwandlung von
Zucker in Fett, senkt Cholesterinspiegel, beugt Krebs vor, ist
harntreibend. Dill wirkt gegen Blähungen, ist krampflösend bei Magen-
Darm-Beschwerden.

Anzahl Portionen: 2
Kalorien p. Portion 27
Gramm p. Portion 206
Kochdauer ca. 5 min.
Allergene: O
(Kohlehydrat:68% / Eiweiß & Fett:32%)
100g.≈ Eiweiß 1,61g. Fett:0,4g.
µg. - Ph:5,92 Na:2,32 Ka:35,15 Mg:2,16 Ca:4,03 Fe:0,12 Zn:0,05 Col.:0 Hsr.:1,94

Zutaten:
Gurke 1 Stück / 400g. (ja)
Salz 1 Prise / 1g. (wenig)
Dill 1 Prise / 1g. (ja)
Essig (Apfelessig) 1 EL / 10g. (ja)

Kochanleitung:
Bio-Gurke mit Schale, konventionelle Gurke schälen, dünn schneiden
und würzen.

3.34 Hafer-Congee

Stärkt Abwehrkraft, unterstützt Wehen.

Anzahl Portionen: 3
Kalorien p. Portion 162
Gramm p. Portion 275
Kochdauer ca. 2-4 Stunden
Allergene: A
(Kohlehydrat:73,58% / Eiweiß & Fett:26,42%)
100g.≈ Eiweiß 7,04g. Fett:2,88g.
µg. - Ph:17,27 Na:0,69 Ka:17,93 Mg:6,8 Ca:5,45 Fe:0,3 Zn:0,09 Col.:0 Hsr.:7,53

Zutaten:
Hafer 1 Tasse / 125g. (ja)
Wasser 6 Tassen / 700g. (ja)

Kochanleitung:
Hafer und Wasser in einem Verhältnis von etwa 1:6 kochen. Die Menge
des Wassers bestimmt die Dicke des Breis (reine Geschmackssache).
Der Hafer quillt auf, nehmen Sie also nicht zu viel. Geben Sie den Hafer
in einen Topf mit guter Isolierung und schwerem Deckel. Wichtig ist,
den Hafer nach kurzem Aufkochen nur noch auf kleinster Flamme

köcheln zu lassen, da er sonst anbrennt. Kochen Sie den Hafer 2-4 Stunden. Je länger er gekocht hat, desto stärkender wirkt er.

3.35 Haferflockensuppe mit Frühlingszwiebeln

Senkt Blutdruck, ist bakterizid, stärkt Immunsystem, beugt Krebs vor, reduziert Strahlenverletzungen, regt Verdauung an, reduziert Schmerzen, fördert Appetit, löst Stagnation.

Anzahl Portionen: 3
Kalorien p. Portion 135
Gramm p. Portion 266,33
Kochdauer ca. 30 min.
Allergene: AG
(Kohlehydrat:64,93% / Eiweiß & Fett:35,07%)
100g.≈ Eiweiß 3,87g. Fett:5,6g.
µg. - Ph:11,02 Na:3,09 Ka:23,66 Mg:4,24 Ca:7,66 Fe:0,29 Zn:0,05 Col.:0,5 Hsr.:4,9

Zutaten:
Hafer 6 EL / 48g. (ja)
Karotte (Mohrrübe, Möhre) 2 Stück / 200g. (ja)
Butter Bio 1 EL / 15g. (wenig)
Muskatnuss 1 Prise / 1g. (ja)
Liebstöckel 1 Stiel / 15g. (ja)
Zwiebel Frühlingszwiebel 2 Stück / 40g. (ja)
Wasser 1/2 Liter / 480g. (ja)

Kochanleitung:
Haferflocken in Butter anrösten, Salz und Gewürze zugeben, mit Wasser aufgießen und aufkochen lassen. Nach 10 Min. die geriebenen Karotten und den Liebstöckel zufügen und weitere 10 Min. kochen. Zwiebeln fein schneiden und dazugeben.

3.36 Herzhafter Polentabrei

Stärkt Milz und Magen, harntreibend, fördert Verdauung, entgiftet, treibt Schweiß, reduziert Blutfett, regt an, löst Stagnation, fördert Appetit.

Anzahl Portionen: 2
Kalorien p. Portion 262
Gramm p. Portion 207,5
Kochdauer ca. 10 Min.
(Kohlehydrat:80% / Eiweiß & Fett:20%)
100g.≈ Eiweiß 5,65g. Fett:5,94g.
µg. - Ph:6,71 Na:0,73 Ka:11,2 Mg:2,2 Ca:2,17 Fe:0,09 Zn:0,05 Col.:0 Hsr.:2,46

Zutaten:
Mais Gries (Polenta) 1 Tasse / 120g. (ja)
Zwiebel Frühlingszwiebel 2 Stück / 40g. (ja)
Ingwer frisch 1/2 TL / 2g. (ja)
Muskatnuss 1 Prise / 1g. (ja)
Salz 1 Prise / 1g. (wenig)
Olivenöl 1 EL / 10g. (ja)
Kurkuma (Gelbwurz) 1 Prise / 1g. (ja)
Wasser 2 Tassen / 240g. (ja)

Kochanleitung:
Polenta in kochendes Wasser einrühren und quellen lassen.
Frühlingszwiebel, geriebenen Ingwer, Kurkuma, Muskat, Salz und
Olivenöl zugeben und weiter ziehen lassen.

3.37 Hirse mit Birnen

Erfrischend und nährend, fördert Verdauung, harntreibend, stillt Husten,
treibt Schweiß, senkt Blutfett, regt an, löst Stagnation, baut Leber auf,
stärkt Muskeln, befeuchtet Darm, senkt Cholesterinspiegel,
antiparasitär.

Anzahl Portionen: 5
Kalorien p. Portion 213
Gramm p. Portion   238,4
Kochdauer ca.   35 Min.
Allergene: G
(Kohlehydrat:85,54% / Eiweiß & Fett:14,46%)
100g.≈ Eiweiß 3,91g. Fett:3,24g.
µg. - Ph:9,48 Na:0,56 Ka:21,43 Mg:4,96 Ca:2,64 Fe:0,24 Zn:0,02 Col.:0 Hsr.:3,84

Zutaten:
Hirse 1 Tasse / 120g. (ja)
Wasser 2 Tassen / 200g. (ja)
Traubensaft rot 2 Tassen / 240g. (ja)
Birne 4 Stück / 600g. (ja)
Ingwer frisch 1/2 TL / 2g. (ja)
Salz 1 Prise / 1g. (wenig)
Acerola Fruchtnektar oder Pulver 1 TL / 2g. (wenig)
Kakao 1 Prise / 1g. (ja)
Sonnenblumenkerne 2 EL / 4g. (ja)
Gerstenmalz 1/2 TL / 2g. (ja)
Sahne, süß 30% 2 TL / 20g. (wenig)

Kochanleitung:

Hirse in heißem Wasser aufsetzen und gar kochen. Danach:
Traubensaft im Topf erwärmen und kleingeschnittene Birnen, sehr
wenig geriebenen Ingwer, eine kleine Prise Salz, Acerola und eine
Prise Kakao dazugeben und kurz andünsten. Die gekochte Hirse,
Sonnenblumenkerne, etwas Gerstenmalz nach Belieben, 1 TL Sahne
pro Portion oder etwas Butter untermengen und erhitzen.

3.38 Hühnersuppe mit Eigelb und Petersilie

Stärkt Blut, Knochenmark, Immunsystem und Sehkraft, baut Milz und
Magen auf, senkt Blutdruck, bakterizid, harmonisiert Leber und Milz,
entgiftet. Petersilie regt Leberfunktion an.

Anzahl Portionen: 2
Kalorien p. Portion 118
Gramm p. Portion 260
Kochdauer ca. 10 Min.
Allergene: CL
(Kohlehydrat:82,37% / Eiweiß & Fett:17,63%)
100g.≈ Eiweiß 16,35g. Fett:2,49g.
µg. - Ph:13,95 Na:17,66 Ka:18 Mg:49,59 Ca:138,8 Fe:0,55 Zn:0,05 Col.:6,53 Hsr.:4,43

Zutaten:

Grundrezept für eine Hühnerbrühe wärmend 1/2 Liter / 500g. (ja)
Huhn Eigelb 1 Stück / 10g. (ja)
Petersilie 1 EL / 10g. (ja)

Kochanleitung:

Brühe erhitzen und das Eigelb darin verquirlen. Die gehackte Petersilie
drüberstreuen und ca. 2 Min. ziehen lassen und dann in kleinen
Schlucken trinken.

3.39 Hüttenkäse mit gedünstetem Obst

Gut bei Appetitlosigkeit, Schluckstörungen, schwacher Verdauung,
harntreibend.

Anzahl Portionen: 2
Kalorien p. Portion 215
Gramm p. Portion 250
Kochdauer ca. 20 Min.
Allergene: G
(Kohlehydrat:40,48% / Eiweiß & Fett:59,52%)
100g.≈ Eiweiß 18,45g. Fett:6,4g.
µg. - Ph:44,6 Na:114,5 Ka:50,9 Mg:3,7 Ca:25,6 Fe:0,11 Zn:0,09 Col.:0,64 Hsr.:3

Zutaten:
Hüttenkäse 300 g. / 300g. (ja)
Apfel (sauer) 1 Stück / 100g. (ja)
Birne 1 Stück / 100g. (ja)

Kochanleitung:
Äpfel und Birnen gut waschen, mit Schale klein schneiden und in einem
Topf mit Dämpfsieb bissfest garen. Herausnehmen und auskühlen
lassen. Hüttenkäse anrichten und Obst darauf verteilen.

3.40 Joghurt mit Honig und Nüssen

Lindert Schmerzen, entgiftet, bakterizid, fördert Wundheilung. Gut bei
akuter oder chronischer Verstopfung des Darmes. Löst Steine.
Anzahl Portionen: 1
Kalorien p. Portion 258
Gramm p. Portion   167
Kochdauer ca.   5 Min.
Allergene: GH
(Kohlehydrat:61% / Eiweiß & Fett:39%)
100g.≈ Eiweiß 6,79g. Fett:12,43g.
µg. - Ph:107,5 Na:38,8 Ka:167,29 Mg:19,4 Ca:104,4 Fe:0,49 Zn:0,5 Col.:10,48 Hsr.:2,16

Zutaten:
Joghurt (natur, 3,5 % Fett) 125 g. / 125g. (ja)
Honig 2 EL / 30g. (wenig)
Walnüsse 1 EL / 12g. (ja)

Kochanleitung:
Joghurt mit Honig und feingehackten Nüssen mischen.

3.41 Kaffee

Harntreibend, regt Appetit an, entgiftet, erhöht Blutzucker, harmonisiert
Herz-Rhythmus.
Anzahl Portionen: 1
Kalorien p. Portion 16
Gramm p. Portion   129
Kochdauer ca.   5 Min.
(Kohlehydrat:99,75% / Eiweiß & Fett:0,25%)
100g.≈ Eiweiß 0,01g. Fett:0g.
µg. - Ph:0,08 Na:0,97 Ka:2,62 Mg:1,16 Ca:4,76 Fe:0,03 Zn:0,09 Col.:0 Hsr.:3,91

Zutaten:
Kaffee 1 EL / 5g. (ja)
Wasser 1 Tasse / 120g. (ja)
Zucker (weiß, aus Rüben) 1 TL / 4g. (wenig)

Kochanleitung:
Je nach Geschmack einen Filterkaffee, Espresso oder türkischen Kaffee zubereiten.

3.42 Karotten-Hirse-Auflauf mit Apfelkompott

Stärkt Milz und Leber, senkt Blutdruck, bakterizid, stärkt Immunsystem, beugt Krebs vor, reduziert Strahlenverletzungen, beruhigt Nerven und Magen, harntreibend. Gut bei chronischer Verstopfung.

Anzahl Portionen: 7
Kalorien p. Portion 349
Gramm p. Portion 347,86
Kochdauer ca. 1 Stunde
Allergene: CGH
(Kohlehydrat:64% / Eiweiß & Fett:36%)
100g.≈ Eiweiß 12,54g. Fett:12,54g.
µg. - Ph:1,79 Na:0,66 Ka:2,7 Mg:0,54 Ca:1,07 Fe:0,03 Zn:0,01 Col.:0,83 Hsr.:0,28

Zutaten:
Hirse 200 g / 200g. (ja)
Kuhmilch (Vollmilch 3,5 % Fett) 500 ml / 450g. (ja)
Zitrone Schale 1/2 Stück / 2g. (ja)
Zucker braun 2 EL / 20g. (wenig)
Karotte (Mohrrübe, Möhre) 400 g. / 400g. (ja)
Ingwer frisch 2 TL / 6g. (ja)
Acerola Fruchtnektar oder Pulver 1 TL / 2g. (wenig)
Mandelmus 50 g. / 50g. (ja)
Huhn Ei 4 Stück / 240g. (ja)
Joghurt (natur, 1,5 % Fett) 150 g. / 150g. (ja)
Butter Bio 1 TL / 4g. (wenig)
Apfel (sauer) 4 Stück / 600g. (ja)
Wasser 300 ml. / 300g. (ja)
Nelke 2 Stück / 1g. (ja)
Zucker braun 1 EL / 10g. (wenig)

Kochanleitung:
Backofen auf 100 Grad (Umluft 8o Grad, Gas Stufe 2) vorheizen. Die Hirse mit Milch, Zitronenschale und Zucker zum Kochen bringen. Zugedeckt 5 Min. leicht köcheln lassen und dann zugedeckt im vorgeheizten Ofen 20 Min. ausquellen lassen. Ofen auf mittlere Hitze schalten. Äpfel schälen und in kleine Stücke schneiden und mit Wasser, Nelken und Zucker etwa 5 Min. kochen. In einer Schüssel die Hirse mit den geriebenen Karotten, dem feingehackten Ingwer und Acerola vermischen. Mandelmus (oder Butter) mit dem Handrührgerät

verrühren. Eigelb dazugeben und alles zu einer glatten Creme rühren.
Sauerrahm, Hirse und Karotten untermischen. Eiweiß sehr steif
schlagen und unter die Hirsemasse heben. Eine Auflaufform mit Butter
ausstreichen, die Hirsemasse einfüllen und im vorgeheizten Ofen bei
milder Hitze 45 Min. backen. Mit dem Apfelkompott servieren.

3.43 Karotten-Kartoffel-Rucola Brötchen

Lindert Entzündungen, verbessert Verdauung, harntreibend, senkt
Cholesterinspiegel, stärkt Immunsystem, beugt Krebs vor, löst
Verstopfung (ballaststoffreich), löst Stagnation.
Anzahl Portionen: 4
Kalorien p. Portion 94
Gramm p. Portion   116,25
Kochdauer ca.   20 Min.
Allergene: AG
(Kohlehydrat:55% / Eiweiß & Fett:45%)
100g.≈ Eiweiß 2,68g. Fett:2,83g.
µg. - Ph:4,15 Na:4,56 Ka:16,7 Mg:1,23 Ca:1,78 Fe:0,06 Zn:0,03 Col.:0,25 Hsr.:1,27

Zutaten:
Kartoffel (mehlige) 200 g / 200g. (ja)
Karotte (Mohrrübe, Möhre) 1 Stück / 50g. (ja)
Sauerrahm 15% Fett 3 EL / 45g. (wenig)
Zwiebel Frühlingszwiebel 1 Stück / 20g. (ja)
Rucola Rauke 1/2 Bund / 100g. ()
Zitrone Schale 1/4 TL / 1g. (ja)
Salz 1 Prise / 1g. (wenig)
Pfeffer gemahlen 1 Prise / 0,2g. ()
Vollkornbrot 8 Scheiben / 48g. (ja)

Kochanleitung:
Kartoffeln in der Schale weich kochen, abziehen und durch die
Kartoffelpresse drücken. Gemüsebrühe nach Grundrezept kochen und
eine Karotte nach kurzer Garzeit herausnehmen und mit der Gabel fein
zerdrücken. Kartoffeln, Karotten, abgeriebene Zitronenschale und
Sauerrahm zu einer glatten Creme verrühren. Karotten-Kartoffel-Creme
mit fein geschnittenem Rucola verrühren. Den Aufstrich mit Salz und
Pfeffer abschmecken und die Brote bestreichen. Mit den fein
geschnittenen Jungzwiebeln bestreuen.

3.44 Karottenrohkost

Stärkt Milz und Leber, senkt Blutdruck, bakterizid, stärkt Immunsystem, beugt Krebs vor, reduziert Strahlenverletzungen, stoppt Durchfall, fördert Verdauung, Appetit anregend, harmonisiert Magen.

Anzahl Portionen: 1
Kalorien p. Portion 74
Gramm p. Portion 154
Kochdauer ca. 10 Min.
(Kohlehydrat:91% / Eiweiß & Fett:9%)
100g.≈ Eiweiß 1,21g. Fett:0,41g.
µg. - Ph:26,57 Na:19,84 Ka:140,47 Mg:10,21 Ca:29,74 Fe:1,4 Zn:0,36 Col.:0 Hsr.:18,25

Zutaten:
Karotte (Mohrrübe, Möhre) 100 g. / 100g. (ja)
Apfel (süß) 1 Stück / 50g. (ja)
Zitrone Saft 2 TL / 3g. (ja)
Zuckerersatz (Süßstoff) 1 g. / 1g. (ja)

Kochanleitung:
Zitronensaft mit Süßstoff verrühren. Die gewaschenen, dünn geschälten Karotten und das Apfelstück in die Soße raspeln und untermischen.

3.45 Kartoffel-Basilikumsuppe

Lindert Entzündungen, fördert Verdauung, harntreibend, senkt Cholesterinspiegel und Blutdruck, bakterizid, stärkt Immunsystem, beugt Krebs vor, reduziert Strahlenverletzungen, antioxidativ, löst Stagnation.

Anzahl Portionen: 4
Kalorien p. Portion 96
Gramm p. Portion 330,12
Kochdauer ca. 25 min.
Allergene: L
(Kohlehydrat:68,68% / Eiweiß & Fett:31,32%)
100g.≈ Eiweiß 3,24g. Fett:2,99g.
µg. - Ph:7,65 Na:13,39 Ka:52,12 Mg:2,43 Ca:11,65 Fe:0,11 Zn:0,01 Col.:0 Hsr.:7,59

Zutaten:
Wasser 500 ml / 450g. (ja)
Kartoffel 4 Stück / 200g. (ja)
Karotte (Mohrrübe, Möhre) 2 Stück / 100g. (ja)
Sellerie Knolle 1 Stück / 500g. (ja)
Pfeffer gemahlen 1 Prise / 0,5g. ()
Kümmel 1 Prise / 1g. (ja)
Knoblauch 1 Zehe / 3g. (ja)
Salz 1 Prise / 1g. (wenig)

Zitrone 1 TL / 3g. (ja)
Basilikum (frisch) 1 Bund / 50g. (ja)
Paprika (Rosenpaprikapulver) 1 Prise / 1g. (ja)
Zucker Ursüße (Zuckerrohr) süß 1 Prise / 1g. (wenig)
Olivenöl 1 EL / 10g. (ja)

Kochanleitung:
4 mittelgroße Kartoffeln, 2 mittelgroße Karotten und 1 Stück
Knollensellerie geschält und kleingeschnitten in heißes Wasser geben
und zusammen mit einer Prise Pfeffer und Salz, einer Prise
gemahlenem Kümmel, einer kleinen zerdrückten Knoblauchzehe und 1
TL Zitronensaft köcheln, bis das Gemüse weich ist. Von 1 Bund
Basilikum (fein gehackt) eine Hälfte in die Suppe geben und alles
pürieren. Die andere Hälfte anschließend unterrühren und mit
Rosenpaprika, einer Prise Vollrohrzucker, 1 EL Olivenöl oder Butter,
frisch gemahlenem Pfeffer und Salz abschmecken.

3.46 Kartoffelpuffer

Stärkt Milz, lindert Entzündungen, verbessert Verdauung, regeneriert
Haut, harntreibend, beruhigt Nerven und Magen, befeuchtet, führt ab,
antiparasitär.
Anzahl Portionen: 1
Kalorien p. Portion   893
Gramm p. Portion   377
Kochdauer ca.   15 Min.
Allergene: ACG
(Kohlehydrat:17,3% / Eiweiß & Fett:82,7%)
100g.≈ Eiweiß 12,4g. Fett:32,76g.
µg. - Ph:69,92 Na:22,7 Ka:275,07 Mg:17,98 Ca:27,85 Fe:0,58 Zn:0,44 Col.:45,38
Hsr.:15,19

Zutaten:
Kartoffel (mehlige) 250 g. / 250g. (ja)
Weizen Mehl 10 g. / 10g. (ja)
Huhn Ei 1 Stück / 35g. (ja)
Rapsöl 2 EL / 20g. (ja)
Salz 1 Prise / 1g. (wenig)
Sahne sauer 20% 50 g. / 50g. (wenig)
Salz 1 Prise / 1g. (wenig)
Kräuter verschiedene 1 EL / 10g. (ja)

Kochanleitung:
Die geschälten Kartoffeln fein reiben, die übrigen Zutaten dazugeben, gut mischen und mit Salz würzen. Öl erhitzen und mit dem Löffel kleine flache Kuchen in die Pfanne geben. Kartoffelpuffer auf beiden Seiten knusprig goldbraun backen. Auf Teller verteilen und mit saurer Sahne anrichten, salzen und mit Kräutern bestreuen.

3.47 Kartoffeltaschen mit Wildkräutern an Tomatensoße

Stärkt Milz, lindert Entzündungen, verbessert Verdauung, löst Stagnation, entschlackend, reinigt die Nieren, unterstützend bei Prostatabeschwerden. Gut bei Appetitlosigkeit, Blähungen, Darmentzündung. Regt Leberfunktion an, harntreibend.

Anzahl Portionen: 5
Kalorien p. Portion 418
Gramm p. Portion 346,14
Kochdauer ca. 45 Min.
Allergene: ACG
(Kohlehydrat:62,47% / Eiweiß & Fett:37,53%)
100g.≈ Eiweiß 16,88g. Fett:16,11g.
µg. - Ph:22,3 Na:7,21 Ka:58,22 Mg:4,83 Ca:20,61 Fe:0,19 Zn:0,03 Col.:0,78 Hsr.:11,88

Zutaten:
Olivenöl 1 EL / 10g. (ja)
Zwiebel weiss 1 Stück / 50g. (ja)
Knoblauch 1 Stück / 2g. (ja)
Tomatenpüre 400 g. / 400g. (ja)
Salz 1 Prise / 1g. (wenig)
Pfeffer gemahlen 1 Prise / 0,5g. ()
Sahne, süß 30% 1 EL / 10g. (wenig)
Kartoffel 650 g. / 650g. (ja)
Weizen Mehl 200 g / 200g. (ja)
Huhn Ei 1 Stück / 60g. (ja)
Salz 1 Prise / 1g. (wenig)
Pfeffer gemahlen 1 Prise / 0,5g. ()
Muskatnuss 1 Prise / 0,2g. (ja)
Brennnessel 50 g. / 50g. (ja)
Löwenzahn (junger) 30 g. / 30g. (ja)
Schafgarbe 30 g. / 30g. (ja)
Kerbel getrocknet 10 g. / 10g. (ja)
Spitzwegerichtee 10 g. / 10g. (ja)
Petersilie 50 g. / 50g. (ja)
Olivenöl 1 EL / 10g. (ja)

Knoblauch 1 Stück / 2g. (ja)
Topfen (Quark) 20% 4 EL / 40g. (ja)
Mayonnaise 50% 1 EL / 10g. (wenig)
Salz Kräutersalz 1/2 TL / 2g. (wenig)
Schwarzkümmel 1 Prise / 1g. (ja)
Pfeffer gemahlen 1 Prise / 0,5g. ()
Emmentaler 10 dag. / 100g. (ja)

Kochanleitung:
Tomatensoße: Öl erhitzen und in Würfel geschnittene Zwiebel mit dem
zerdrückten Knoblauch darin andünsten. Tomatenpüree zu den
Zwiebeln geben, 2 Min. unter Rühren eindicken lassen, mit Salz und
Pfeffer würzen, die Sahne zufügen und in eine feuerfeste Form füllen.
Kartoffelteig: Festkochende Kartoffeln gar kochen, schälen und
durchpressen. In einer Schüssel mit Mehl, Parmesan, Ei und Gewürzen
vermengen. Den Teig auf einer leicht bemehlten Arbeitsfläche ausrollen
und in 5 cm große Vierecke schneiden.
Kräuterfüllung: Kräuter hacken und mit Öl, Knoblauch, Quark,
Mayonnaise, Kräutersalz, zerstoßenem Schwarzkümmel und Pfeffer zu
einer cremigen Masse vermischen.
Mit einem Löffel jeweils etwas von der Füllung auf die Teigvierecke
geben, zu einem Dreieck zusammenklappen, Ränder festdrücken und
die Taschen in reichlich Salzwasser gar ziehen lassen, bis sie oben
schwimmen. Auf die Tomaten geben, mit dem geriebenen Käse
bestreuen und im Ofen goldbraun überbacken.

3.48 Kohlrabi in Kerbelsoße mit Kartoffeln

Lindert Entzündungen, senkt Cholesterinspiegel, harntreibend, leitet
Darmwinde ab, stärkt Immunsystem, beugt Krebs vor, fördert
Gewichtsabnahme. Gut bei Appetitlosigkeit, Blähungen, Bluthochdruck,
Depressionen, Diabetes, Durchfall.
Anzahl Portionen: 4
Kalorien p. Portion 188
Gramm p. Portion 316,85
Kochdauer ca. 1 Stunde
Allergene: GL
(Kohlehydrat:79,34% / Eiweiß & Fett:20,66%)
100g.≈ Eiweiß 8,67g. Fett:2,51g.
µg. - Ph:11,79 Na:4,12 Ka:100,2 Mg:13,9 Ca:60,61 Fe:0,16 Zn:0,02 Col.:0,06 Hsr.:3,63

Zutaten:
Kartoffel 6 Stück / 450g. (ja)
Grundrezept für eine Gemüsebrühe nahrhaft 300 ml. / 300g. (ja)
Kartoffel 100 g. / 100g. (ja)
Muskatnuss 1 Prise / 0,2g. (ja)
Zitrone Schale 1/2 TL / 2g. (ja)
Ingwer frisch 1/2 TL / 2g. (ja)
Liebstöckel 1/2 TL / 2g. (ja)
Kohlrabi 300 g. / 300g. (ja)
Salz 1 Prise / 1g. (wenig)
Pfeffer gemahlen 1 Prise / 0,2g. ()
Sauerrahm 15% Fett 3 EL / 30g. (wenig)
Kerbel getrocknet 1 Bund / 80g. (ja)

Kochanleitung:
Die 6 Kartoffeln in Salzwasser weich kochen. Die Hälfte der
Gemüsebrühe zum Kochen bringen. 100G gewürfelte Kartoffeln,
Muskat, Zitronenschale, Ingwer und Liebstöckel dazugeben. Kartoffeln
zugedeckt ca. 10 Min. weich kochen und alles mit dem Mixstab zu einer
glatten Soße pürieren. Restliche Gemüsebrühe zum Kochen bringen.
Kohlrabi in Würfel schneiden, zufügen und zugedeckt ca. 8 Min.
kochen. Die Kartoffelsoße unterrühren und alles kurz erhitzen. Mit dem
Mixstab Kerbel und Sauerrahm fein pürieren. Die Kerbelcreme mit dem
Kohlrabigemüse vermischen und mit den gekochten und geschälten
Kartoffeln anrichten.

3.49 Kompott aus Rhabarber

Fiebersenkend, schmerzlindernd, entgiftend, bakterizid.
Anzahl Portionen: 1
Kalorien p. Portion 48
Gramm p. Portion   230
Kochdauer ca.   15 Min.
(Kohlehydrat:92,32% / Eiweiß & Fett:7,68%)
100g.≈ Eiweiß 0,64g. Fett:0,1g.
µg. - Ph:11,22 Na:1,7 Ka:119,43 Mg:6,43 Ca:25,43 Fe:0,28 Zn:0,15 Col.:0 Hsr.:2,61

Zutaten:
Rhabarber 100 g. / 100g. (ja)
Wasser 1 Tasse / 120g. (ja)
Honig 1 EL / 10g. (wenig)

Kochanleitung:
Rhabarber waschen und klein schneiden. Im Wasser weich kochen, ein
wenig abkühlen lassen und den Honig dazugeben.

3.50 Kopfsalat mit Essigdressing

Lindert Müdigkeit, verbessert Magen-Darm-Funktion, löst Stagnation, befeuchtet, führt ab, antiparasitär, stillt Blutungen, fördert Durchblutung, entgiftet, lindert Entzündungen, lindert Schmerzen.

Anzahl Portionen: 2
Kalorien p. Portion   68
Gramm p. Portion   127,8
Kochdauer ca.   10 Min.
Allergene: O
(Kohlehydrat:31,55% / Eiweiß & Fett:68,45%)
100g.≈ Eiweiß 1,65g. Fett:4,89g.
µg. - Ph:16,11 Na:5,11 Ka:99,19 Mg:5,79 Ca:17,69 Fe:0,44 Zn:0,09 Col.:0 Hsr.:9,98

Zutaten:
Kopfsalat 1 Stück / 200g. (empfehlenswert)
Essig (Apfelessig) 1 EL / 10g. (ja)
Wasser 1 EL / 10g. (ja)
Rapsöl 1 EL / 10g. (ja)
Zwiebel Frühlingszwiebel 1 Stück / 20g. (ja)
Salz 1 Prise / 0,5g. (wenig)
Pfeffer gemahlen 1 Prise / 0,1g. ()
Lauchzwiebel Schnittlauch 1 EL / 5g. (ja)

Kochanleitung:
Kopfsalat putzen, waschen und abtropfen lassen. Zutaten zur Marinade in einem Gefäß vermengen und den Salat damit kurz vor dem Verzehr anmachen und mit Schnittlauch bestreut servieren.

3.51 Kürbiscurry

Fördert Verdauung und Schwitzen, löst Stagnation, reduziert Wind, stärkt Lunge und Milz, reduziert Blutzucker, stärkt Magen, Verdauungssystem, Muskeln und Knochen, ist harntreibend und entgiftend.

Anzahl Portionen: 3
Kalorien p. Portion   193
Gramm p. Portion   251
Kochdauer ca.   20 Min.
(Kohlehydrat:63% / Eiweiß & Fett:37%)
100g.≈ Eiweiß 2,72g. Fett:10,61g.
µg. - Ph:5,14 Na:0,86 Ka:16,34 Mg:2,68 Ca:2,29 Fe:0,06 Zn:0,02 Col.:0 Hsr.:1,54

Zutaten:
Kürbis 300 g. / 300g. (ja)
Olivenöl 2 EL / 30g. (ja)
Koriander 1 Prise / 1g. (ja)
Pfeffer gemahlen 1 Prise / 0,5g. ()
Curry 1 Prise / 1g. (ja)
Wasser 50 ml / 50g. (ja)
Salz 1 Prise / 1g. (wenig)
Petersilie 1 EL / 7g. (ja)
Kardamom 1 Prise / 1g. (ja)
Kurkuma (Gelbwurz) 1 Prise / 1g. (ja)
Reis Vollkorn 1/2 Tasse / 60g. (ja)
Wasser 3 Tassen / 300g. (ja)
Salz 1 Prise / 1g. (wenig)

Kochanleitung:
Olivenöl in einer Pfanne erhitzen, in Würfel geschnittenen Kürbis darin
andünsten, mit Koriander, Pfeffer und Curry würzen und mit wenig
Wasser ablöschen. Meersalz zufügen, klein geschnittene Petersilie
zugeben und mit Kardamom und Kurkuma abrunden. Auf kleinem
Feuer ca. 10 Min. je nach Kürbisart köcheln; er sollte noch bissfest sein.
Den Reis in gesalzenem Wasser aufkochen und auf kleiner Stufe ca. 15
Min. quellen lassen.

3.52 Kürbis-Joghurt-Suppe

Befeuchtet, entspannt, senkt Blutdruck, stärkt Immunsystem, fördert
Gewichtsabnahme. Gut bei Abwehrschwäche, Appetitlosigkeit,
Blähungen, Depressionen, Diabetes, Durchfall.

Anzahl Portionen: 4
Kalorien p. Portion 68
Gramm p. Portion 239
Kochdauer ca. 15 Min.
Allergene: GL
(Kohlehydrat:82,83% / Eiweiß & Fett:17,17%)
100g.≈ Eiweiß 2,37g. Fett:1,31g.
µg. - Ph:7,17 Na:3,58 Ka:26,41 Mg:11,21 Ca:43,83 Fe:0,07 Zn:0,01 Col.:0,05 Hsr.:1,4

Zutaten:
Grundrezept für eine Gemüsebrühe nahrhaft 300 ml. / 300g. (ja)
Hokkaidokürbis 500 g. / 500g. (ja)
Ingwer frisch 1/2 TL / 2g. (ja)
Fenchelsamen gemahlen 1/2 TL / 1g. (ja)
Anis (gemeiner Fenchel) 1/4 TL / 1g. (ja)
Joghurt (natur, 1,5 % Fett) 150 g. / 150g. (ja)

Pfefferminze 2 Blätter / 1g. (ja)
Salz 1 Prise / 1g. (wenig)

Kochanleitung:
Gemüsebrühe (nach Grundrezept) zum Kochen bringen. Gewürfelten
Kürbis, kleingehackten Ingwer, zerstoßene Fenchelsamen und Anis
dazugeben und Suppe zugedeckt ca. 12 Min. köcheln lassen, bis der
Kürbis weich ist und dann vom Herd nehmen. Mit dem Mixstab die
Suppe mit dem Joghurt fein pürieren und mit feingehackter Minze
bestreut servieren.

3.53 Kürbisschnitzel mit Gewürzreis

Stärkt Lunge und Milz, harntreibend, reduziert Blutzucker, schützt und
harmonisiert Leber, befeuchtet Darm, kühlt innere Hitze. Zur
Entwässerung des Körpers bei Übergewicht und Bluthochdruck.
Anzahl Portionen: 4
Kalorien p. Portion 438
Gramm p. Portion   260,52
Kochdauer ca.   45 Min.
Allergene: AG
(Kohlehydrat:59,16% / Eiweiß & Fett:40,84%)
100g.≈ Eiweiß 4,2g. Fett:27,78g.
µg. - Ph:19,2 Na:5,08 Ka:46,56 Mg:8,07 Ca:12,07 Fe:0,16 Zn:0,02 Col.:0,25 Hsr.:5,34

Zutaten:
Butterschmalz 1/2 EL / 5g. (wenig)
Safran 1 Briefchen / 0,1g. (ja)
Kurkuma (Gelbwurz) 1 TL / 2g. (ja)
Reis Basmatireis 1 Tasse / 120g. (ja)
Wasser 1 Tasse / 120g. (ja)
Salz 1/2 TL / 2g. (wenig)
Kürbis 6-8 Scheiben / 400g. (ja)
Gerstenmehl 1 Tasse / 10g. (ja)
Brösel (Weizenbrot, Semmel) 1 Tasse / 10g. (ja)
Salz 1/2 TL / 2g. (wenig)
Pfeffer gemahlen 1 Prise / 1g. ()
Butter Bio 1 EL / 10g. (wenig)
Sahne, süß 30% 1 1/2 Becher / 300g. (wenig)
Gerstenmehl 2 EL / 20g. (ja)
Lauchzwiebel Schnittlauch 3 EL / 20g. (ja)
Dill 3 EL / 20g. (ja)

Kochanleitung:

Das Fett in einem kleinen Topf schmelzen, Safran und Kurkuma hinzufügen und etwa 1-2 Min. bei mittlerer Hitze leicht rösten, damit die Aromen sich entfalten (Achtung: Die Gewürze dürfen auf keinen Fall verbrennen!). Den Reis zufügen und etwa 2 Min. unter ständigem Rühren braten. Salzen, Wasser dazugießen, umrühren und den Topf mit einem Deckel verschließen. Bei schwacher bis mittlerer Hitze kochen lassen, bis das Wasser fast vollständig aufgesogen ist, dann vom Herd nehmen und mit geschlossenem Deckel beiseite stellen und quellen lassen. Nicht mehr umrühren! Wenn das Wasser vollständig aufgesogen ist, ist der Reis fertig! Mehl, Semmelbrösel, Salz und Pfeffer verrühren. Die Kürbisscheiben mit Wasser oder verrührtem Ei anfeuchten, die Scheiben in der Mehlmischung wenden und vorsichtig in Butter braten, bis sie goldbraun sind und der Kürbis weich ist. In einem kleinen Topf die Butter schmelzen, Gerstenmehl darin bräunen und vom Herd nehmen. Die saure Sahne einrühren, salzen, pfeffern und die gehackten Kräuter unterziehen. Die Soße über die gebratenen Kürbisscheiben geben. Dazu den Reis servieren.

3.54 Kürbissuppe

Fördert Verdauung, stärkt Magen und Milz, senkt Blutdruck, bakterizid, stärkt Immunsystem, beugt Krebs vor, reduziert Strahlenverletzungen, regeneriert Haut, senkt Cholesterinspiegel, senkt Blutzucker, schützt Leber.

Anzahl Portionen: 3
Kalorien p. Portion 104
Gramm p. Portion 236,33
Kochdauer ca. 1 Stunde
(Kohlehydrat:71% / Eiweiß & Fett:29%)
100g.≈ Eiweiß 2,54g. Fett:3,64g.
µg. - Ph:4,02 Na:0,96 Ka:24,72 Mg:1,82 Ca:2,89 Fe:0,08 Zn:0,02 Col.:0 Hsr.:1,08

Zutaten:

Kürbis 300 g. / 300g. (ja)
Karotte (Mohrrübe, Möhre) 2 Stück / 100g. (ja)
Kartoffel 2 Stück / 120g. (ja)
Olivenöl 1 EL / 10g. (ja)
Zwiebel weiss 1 Stück / 50g. (ja)
Wasser 1 Tasse / 120g. (ja)
Petersilie 1 EL / 7g. (ja)
Anis (gemeiner Fenchel) 1 Prise / 1g. (ja)
Salz 1 Prise / 1g. (wenig)

Kochanleitung:
Olivenöl in einer Pfanne erhitzen. In Würfel geschnittenen Kürbis, gewürfelte Karotten und Kartoffeln dazugeben und kurz anbraten. Klein geschnittene Zwiebel zugeben, mit Wasser auffüllen (Gemüse mindestens drei fingerbreit bedecken), aufkochen und leise köcheln lassen. Mit Meersalz und einer Prise Anis würzen, klein geschnittene Petersilie dazugeben. Alles zusammen ca. 35 Min. köcheln lassen. Anschließend die Suppe pürieren und evtl. Wasser zugeben, je nach Konsistenz.

3.55 Lauch-Kartoffel-Gratin

Lindert Entzündungen, verbessert Verdauung, regeneriert Haut, harntreibend, senkt Cholesterinspiegel, löst Stagnation.
Anzahl Portionen: 4
Kalorien p. Portion 369
Gramm p. Portion   346,62
Kochdauer ca.   1 Stunde
Allergene: CGL
(Kohlehydrat:56,02% / Eiweiß & Fett:43,98%)
100g.≈ Eiweiß 7,74g. Fett:16,47g.
µg. - Ph:13,71 Na:22,43 Ka:58,34 Mg:4,33 Ca:15,37 Fe:0,17 Zn:0,03 Col.:1,24 Hsr.:5,68

Zutaten:
Kartoffel 500 g. / 500g. (ja)
Lauch (Porree) 500 g. / 500g. (ja)
Apfel (sauer) 1 Stück / 200g. (ja)
Creme fraiche 125 g. / 125g. (wenig)
Grundrezept für eine Gemüsebrühe nahrhaft 50 ml / 20g. (ja)
Huhn Eigelb 1 Stück / 20g. (ja)
Emmentaler 2 EL / 20g. (ja)
Salz 1 Prise / 1g. (wenig)
Pfeffer gemahlen 1 Prise / 0,5g. ()

Kochanleitung:
Kartoffeln waschen, schälen, in sehr dünne Scheiben schneiden und trockentupfen. Die Hälfte in eine flache, gefettete Auflaufform geben. Lauch putzen, waschen und in feine Ringe schneiden. Apfel waschen, schälen und in dünne Scheiben schneiden. Lauch und Apfel auf die Kartoffeln verteilen und die restlichen Kartoffelscheiben darüberlegen. Crème fraîche, Eigelb, geriebenen Emmentaler, Salz und Pfeffer verrühren, evtl. noch etwas Gemüsebrühe dazugeben und über den Auflauf gießen. Bei 200 Grad im Backofen ca. 45 bis 50 Min. goldgelb backen. Nach 30 Min. mit Pergamentpapier abdecken, um ein Austrocknen des Gratins zu verhindern.

3.56 Mango-Bananen-Joghurt-Drink eiskalt

Harntreibend, stärkt Magen, beugt Krebs vor, reguliert Magen-Darm-Funktion. Gut bei Appetitlosigkeit, Mundschleimhautentzündung, chronischer Verstopfung.

Anzahl Portionen: 2
Kalorien p. Portion 121
Gramm p. Portion 226
Kochdauer ca. 5 Min.
Allergene: G
(Kohlehydrat:86,93% / Eiweiß & Fett:13,07%)
100g.≈ Eiweiß 2,73g. Fett:1,05g.
μg. - Ph:15,94 Na:7,47 Ka:102,09 Mg:10,74 Ca:22,08 Fe:0,14 Zn:0,04 Col.:0,28 Hsr.:5,73

Zutaten:
Mangosaft 100 ml. / 100g. (wenig)
Joghurt (natur, 1,5 % Fett) 100 g. / 100g. (ja)
Mineralwasser 100 ml. / 100g. (ja)
Banane 1/2 Stück / 150g. (ja)
Acerola Fruchtnektar oder Pulver 1 TL / 2g. (wenig)

Kochanleitung:
Alle Zutaten und 2-3 Eiswürfel im Mixer fein pürieren.

3.57 Misosuppe mit Tofu

Liefert Vitamine, Mineralien, Enzyme und sekundäre Pflanzenwirkstoffe. Alginsäure entgiftet den Darm, löst Stagnation. Belebt, entgiftet, stärkt das Immunsystem, fördert Verdauung, stärkt Magen, lindert Blähungen.

Anzahl Portionen: 3
Kalorien p. Portion 51
Gramm p. Portion 231,33
Kochdauer ca. 5 min.
Allergene: E
(Kohlehydrat:43,33% / Eiweiß & Fett:56,67%)
100g.≈ Eiweiß 4,44g. Fett:1,66g.
μg. - Ph:11,31 Na:58,1 Ka:19,06 Mg:5,88 Ca:7,16 Fe:0,06 Zn:0,01 Col.:0 Hsr.:3,33

Zutaten:
Wakame 1 Stück / 5g. (ja)
Miso 3-4 EL / 30g. (ja)
Soja Tofu 50 g. / 50g. (ja)
Wasser 1/2 Liter / 500g. (ja)
Sojasauce 1 Schuss / 3g. (ja)
Zwiebel Frühlingszwiebel 1/2 EL / 6g. (ja)

Kochanleitung:
Wasser, Sojakeimlinge, Wakamealge und in Würfel geschnittenen Tofu 5 Min. aufwärmen. Misopaste in Suppenteller geben und langsam mit heißer Suppe übergießen. Mit Tamari abschmecken. Eventuell Frühlingszwiebeln dazugeben.

3.58 Nudel-Auflauf mit Quark und Pfirsichen

Lindert Müdigkeit, entspannt, stärkt die Abwehr. Gut bei Aufstoßen, akuter oder chronischer Verstopfung, Blähungen, Sodbrennen.

Anzahl Portionen: 4
Kalorien p. Portion 442
Gramm p. Portion 293,5
Kochdauer ca. 1 Stunde
Allergene: ACGO
(Kohlehydrat:65,89% / Eiweiß & Fett:34,11%)
100g.≈ Eiweiß 17,56g. Fett:19,07g.
µg. - Ph:26,04 Na:6,66 Ka:36,6 Mg:4,79 Ca:10,1 Fe:0,19 Zn:0,04 Col.:3,85 Hsr.:9,81

Zutaten:
Pfirsich 500 g. / 500g. (ja)
Nudeln (Weizen, Bandnudeln) mit Ei 200 g / 200g. (ja)
Huhn Ei 2 Stück / 120g. (ja)
Zucker (Staubzucker) 40 g. / 40g. (wenig)
Vanillezucker natur 3 Paket / 3g. (wenig)
Zitrone Schale 1/2 Stück / 2g. (ja)
Zimtpulver 1/4 TL / 1g. (ja)
Topfen (Quark) 20% 250 g. / 250g. (ja)
Butter Bio 2 TL / 8g. (wenig)
Erdbeermarmelade 4 EL / 50g. (wenig)

Kochanleitung:
Ofen auf 180 Grad vorheizen. Pfirsiche kurz in kochendes Wasser legen, abtropfen lassen und die Haut abziehen. Pfirsiche in kleine Spalten schneiden. Nudeln in reichlich Salzwasser bissfest kochen, abgießen, kalt abschrecken und abtropfen lassen. Eier trennen. Eigelb mit Puderzucker, Vanillezucker, abgeriebener Zitronenschale und Zimt mit dem Schneebesen schaumig rühren. Quark einrühren und die Nudeln untermischen. Eiweiß zu festem Schnee schlagen und vorsichtig unter die Nudelmasse heben. Eine Auflaufform dünn mit Butter ausstreichen. Abwechselnd Quark-Nudelmasse und Pfirsichspalten in die Form schichten und mit der Nudelmasse abschließen. Den Auflauf mit Butterflöckchen bestreuen und im vorgeheizten Ofen 30 Min. backen. Portionsweise mit einem Esslöffel Marmelade anrichten.

3.59 Obstsaftgetränk

Stoppt Durchfall, fördert Verdauung, appetitanregend, harmonisiert Magen, lindert Schmerzen, entgiftet, bakterizid, senkt Blutdruck, stärkt Immunsystem, beugt Krebs vor, reduziert Strahlenverletzungen.

Anzahl Portionen: 2
Kalorien p. Portion 175
Gramm p. Portion 305
Kochdauer ca. 10 Min.
(Kohlehydrat:93% / Eiweiß & Fett:7%)
100g.≈ Eiweiß 1,89g. Fett:0,9g.
µg. - Ph:4,99 Na:2,24 Ka:37,45 Mg:2,36 Ca:6,04 Fe:0,21 Zn:0,05 Col.:0 Hsr.:4,3

Zutaten:
Orange 2 Stück / 150g. (ja)
Apfel (süß) 4 Stück / 300g. (ja)
Karotte (Mohrrübe, Möhre) 2 Stück / 150g. (ja)
Honig 1 EL / 10g. (wenig)

Kochanleitung:
Orangen und Karotten schälen, alle Zutaten würfelig schneiden, damit sie in die Saftpresse passen und entsaften, mit Honig süßen.

3.60 Palatschinken mit Spinat und Parmesan

Fördert Ausscheidung und Durchblutung, stärkt Magen, Darm und Immunsystem. Gut bei Appetitlosigkeit, Blähungen, Bluthochdruck, Depressionen, Diabetes, Verstopfung, Darmentzündung.

Anzahl Portionen: 6
Kalorien p. Portion 329
Gramm p. Portion 303
Kochdauer ca. 25 Min.
Allergene: ACGL
(Kohlehydrat:46% / Eiweiß & Fett:54%)
100g.≈ Eiweiß 17,5g. Fett:18,52g.
µg. - Ph:3,27 Na:3,24 Ka:6,47 Mg:0,96 Ca:4,52 Fe:0,05 Zn:0,02 Col.:1,32 Hsr.:1,02

Zutaten:
Vollkornmehl 100 g. / 100g. (ja)
Weizen Mehl 100 g. / 100g. (ja)
Huhn Ei 4 Stück / 200g. (ja)
Kuhmilch (Vollmilch 3,5 % Fett) 400 ml. / 400g. (ja)

Salz 1 Prise / 1g. (wenig)
Sonnenblumenöl 1 EL / 15g. (ja)
Olivenöl 1 EL / 15g. (ja)
Zwiebel weiss 1 Stück / 50g. (ja)
Petersilie 1/2 Bund / 80g. (ja)
Grundrezept für eine Gemüsebrühe nahrhaft 150 ml. / 150g. (ja)
Basilikum (frisch) 1/4 TL / 1g. (ja)
Muskatnuss 1 Prise / 0,3g. (ja)
Creme fraiche 3 EL / 45g. (wenig)
Spinat 600 g. / 600g. (ja)
Salz 1 Prise / 1g. (wenig)
Pfeffer gemahlen 1 Prise / 0,1g. ()
Parmesan 60 g. / 60g. (wenig)

Kochanleitung:
Mehl, Eier, Milch und eine Prise Salz mit dem Schneebesen glatt
rühren. Aus dem Teig Palatschinken auf beiden Seiten knusprig braun
braten. Öl in einem kleinen Topf erhitzen und kleingeschnittene Zwiebel
darin gut weich dünsten. Kleingehackte Petersilie unterrühren und kurz
mitdünsten. Mit der Gemüsebrühe (nach Grundrezept) aufgießen, mit
Basilikum und Muskat würzen und zugedeckt 15 Min. köcheln lassen.
Crème fraîche zugeben und alles fein pürieren. Den gewaschenen
tropfnassen Spinat mit etwas Salz in einem geschlossenen Topf bei
mäßiger Hitze 3 Min. kochen, in einem Sieb abtropfen lassen und in
kleine Stücke schneiden. Spinat in die Soße einrühren und kurz
erhitzen. Parmesan untermischen. Die Palatschinken mit dem
Rahmspinat füllen.

3.61 Pikante Avocadocreme mit Hüttenkäse

Hilft bei Entzündungen, Schwellungen, Schmerzen und Juckreiz. Stärkt
Magen und Verdauungssystem, entgiftet, bakterizid.

Anzahl Portionen: 4
Kalorien p. Portion 613
Gramm p. Portion   271,25
Kochdauer ca.   15 Min.
Allergene: G
(Kohlehydrat:39% / Eiweiß & Fett:61%)
100g.≈ Eiweiß 11,04g. Fett:40,92g.
µg. - Ph:7,44 Na:14,84 Ka:19,28 Mg:1,27 Ca:2,23 Fe:0,03 Zn:0,03 Col.:0,06 Hsr.:1,09

Zutaten:
Avocado 2 Stück / 600g. (wenig)
Pfeffer gemahlen 1 Prise / 0,5g. ()
Salz 1 Prise / 1g. (wenig)
Zitrone Saft 1/2 Stück / 15g. (ja)
Paprika (Rosenpaprikapulver) 1 Prise / 1g. (ja)
Olivenöl 1 EL / 10g. (ja)
Chili (Schote oder gemahlen) 1 Prise / 0,5g. (ja)
Kräuter verschiedene 1 EL / 7g. (ja)
Hüttenkäse 1 Becher / 250g. (ja)
Brot mit Johannisbrotkernmehl 8 Scheiben / 200g. (ja)

Kochanleitung:
Avocadofleisch pürieren und mit reichlich gemahlenem Pfeffer,
Zitronensaft, Rosenpaprika, einigen Tropfen Öl, Chili, frischen
gehackten Kräutern und einer Prise Salz würzen. Hüttenkäse (etwa
gleiche Menge wie Avocadocreme) vorsichtig untermengen. Passt zu:
Kartoffeln und Hirse, mit denen die Avocadocreme in Kombination mit
Gemüsegerichten, Hülsenfrüchten oder Blattsalaten eine delikate
Mahlzeit ergibt. Eignet sich auch sehr gut als Vorspeise oder als
Mitbringsel auf Partys und als Morgenmahlzeit im Sommer, zusammen
mit einem milden Gericht aus Linsen oder Adzukibohnen und
geraspeltem Rettich.

3.62 Pikante Tofu-Gemüse-Pfanne

Stärkt Magen, lindert Verstopfung, entgiftet, lindert Entzündungen,
verbessert Durchblutung, fördert Schwitzen, löst Stagnation, lindert
Blähungen, senkt Blutdruck, bakterizid, stärkt Immunsystem, beugt
Krebs vor, reduziert Strahlenverletzungen.

Anzahl Portionen: 4
Kalorien p. Portion 241
Gramm p. Portion   329,38
Kochdauer ca.   25 Min.
Allergene: EN
(Kohlehydrat:67,31% / Eiweiß & Fett:32,69%)
100g.≈ Eiweiß 7,37g. Fett:7,33g.
µg. - Ph:15,05 Na:17,26 Ka:39,42 Mg:9,54 Ca:13,3 Fe:0,3 Zn:0,02 Col.:0,01 Hsr.:7,29

Zutaten:
Sesamöl 2 EL / 20g. (ja)
Karotte (Mohrrübe, Möhre) 2 Stück / 100g. (ja)
Fenchel 1 Stück / 250g. (ja)
Lauch (Porree) 1 Stück / 200g. (ja)
Salz 1 Prise / 1g. (wenig)

Kurkuma (Gelbwurz) 1 Prise / 1g. (ja)
Zitrone Saft 1 Spritzer / 1g. (ja)
Soja Tofu 1 Paket / 120g. (ja)
Pfeffer gemahlen 1 Prise / 0,5g. ()
Sojasauce 1 Schuss / 3g. (ja)
Reis Vollkorn 1 Tasse / 120g. (ja)
Wasser 6 Tassen / 500g. (ja)
Salz 1 Prise / 1g. (wenig)

Kochanleitung:

In einem heißen Wok oder einer heißen Pfanne Sesamöl erhitzen.
Kleingeschnittene Karotten, Fenchel und Lauchscheiben darin anbraten
und mit Salz, einem Spritzer Zitronensaft und Kurkuma würzen.
Tofuwürfel 1-2 Min. mitbraten. Pfeffer dazugeben und zugedeckt etwa 5
Min. schmoren lassen, dann mit Sojasoße beträufeln. Den Reis in
gesalzenem Wasser aufkochen lassen und bei kleiner Hitze ca. 15 Min.
quellen lassen.

3.63 Polenta mit Pfirsich

Lindert Müdigkeit, stärkt Magen, harntreibend, stärkt die Abwehr, gegen
Pilzinfektionen, lässt Gallensaft fließen.
Anzahl Portionen: 3
Kalorien p. Portion 197
Gramm p. Portion   254,03
Kochdauer ca.   20 min
(Kohlehydrat:89,44% / Eiweiß & Fett:10,56%)
100g.≈ Eiweiß 4,48g. Fett:0,6g.
µg. - Ph:8,27 Na:0,36 Ka:35,48 Mg:2,78 Ca:3,07 Fe:0,14 Zn:0,02 Col.:0 Hsr.:4,67

Zutaten:

Wasser 2 Tassen / 240g. (ja)
Mais Gries (Polenta) 1 Tasse / 120g. (ja)
Pfirsich 2-3 Stück / 400g. (ja)
Vanilleschote 1 Prise / 1g. (ja)
Chili (Schote oder gemahlen) 1 Prise / 0,1g. (ja)
Zimtpulver 1 Prise / 1g. (ja)

Kochanleitung:

Die Polenta in einen Topf mit heißem Wasser unter ständigem Rühren
einrieseln lassen, bis die gewünschte Konsistenz erreicht ist. Vom Herd
nehmen und ca. 10 Min. ausquellen lassen. Frische Pfirsiche waschen,
vierteln und in die fertige Polenta hineinschneiden. Vanille und nach
Geschmack Chili unterrühren und 3 Min. ziehen lassen. Wintervariante:
eingelegtes Obst, Birne, Apfel

3.64 Reis-Congee mit Honigbirne und schwarzem Sesam

Fördert Verdauung, harntreibend, befeuchtet Darm. Gut bei Durchblutungsstörungen, Thrombose, Emboliegefahr, Bluthochdruck, Kopfschmerzen, Herzinfarkt und Schlaganfall.

Anzahl Portionen: 2
Kalorien p. Portion 159
Gramm p. Portion 271,5
Kochdauer ca. 10 Min. - 3 Stunden
Allergene: N
(Kohlehydrat:95,26% / Eiweiß & Fett:4,74%)
100g.≈ Eiweiß 2,44g. Fett:1,55g.
µg. - Ph:9,61 Na:0,87 Ka:36,88 Mg:70,3 Ca:68,61 Fe:0,18 Zn:0,06 Col.:0 Hsr.:5,76

Zutaten:
Grundrezept für eine Reissuppe (Congee) 2 Tassen / 240g. (ja)
Birne 2 Stück / 300g. (ja)
Sesam, Schwarzer 1 TL / 3g. (ja)

Kochanleitung:
Reis-Congee nach Grundrezept kochen oder vorbereiteten verwenden. Topf mit 3 cm Wasser befüllen und aufkochen lassen. Birnen vierteln (mit Haut und Kernen) und hineingeben und mit schwarzem Sesam 10 Min. zugedeckt köcheln lassen. Mit dem Reis mischen.

3.65 Rettich-Apfel-Joghurt-Frischkost

Stoppt Durchfall, fördert Verdauung, regt Appetit an, entgiftet, harntreibend, reduziert Durst, stärkt Körperzellen, löst Stagnation.

Anzahl Portionen: 2
Kalorien p. Portion 77
Gramm p. Portion 160
Kochdauer ca. 10 Min.
Allergene: G
(Kohlehydrat:79% / Eiweiß & Fett:21%)
100g.≈ Eiweiß 2,03g. Fett:1,39g.
µg. - Ph:9,35 Na:4,33 Ka:62,52 Mg:3,01 Ca:12,05 Fe:0,2 Zn:0,06 Col.:0,55 Hsr.:3,13

Zutaten:
Joghurt (natur, 3,5 % Fett) 5 EL / 50g. (ja)
Zitrone Saft 2 g. / 2g. (ja)
Salz 1 Prise / 0,5g. (wenig)
Pfeffer weiss (gemahlen) 1 Prise / 0,1g. (ja)
Rettich (weiß, grün, lila-rot) 100 g. / 100g. (ja)
Apfel (süß) 1 Stück / 150g. (ja)
Petersilie 2 EL / 18g. (ja)

Kochanleitung:

Joghurt mit Zitronensaft, Salz und weißem Pfeffer verrühren. Rettich und Apfel waschen, schälen und fein raspeln. Mit der Joghurtsoße mischen, kurz durchziehen lassen und mit gehackter Petersilie bestreuen.

3.66 Rhabarber-Apfel-Grütze

Liefert Antioxidantien und viel Vitamin C. Führt ab, kühlt Hitze, lindert Schmerzen, entgiftet, bakterizid, erwärmt Magen und Milz, fördert Durchblutung.

Anzahl Portionen: 2
Kalorien p. Portion 180
Gramm p. Portion 276,5
Kochdauer ca. 15 Min.
(Kohlehydrat:95,59% / Eiweiß & Fett:4,41%)
100g.≈ Eiweiß 1,2g. Fett:0,58g.
µg. - Ph:14,75 Na:1,5 Ka:93,5 Mg:7,43 Ca:12,73 Fe:0,29 Zn:0,07 Col.:0 Hsr.:6,21

Zutaten:

Rhabarber 200 g / 200g. (ja)
Apfelsaft (Naturtrüb) 300 ml. / 300g. (wenig)
Maisstärke 30 g. / 30g. (ja)
Honig 20 g. / 20g. (wenig)
Vanillezucker natur 1 Prise / 0,5g. (wenig)
Zimtpulver 1 Prise / 0,5g. (ja)
Pfefferminze 2 Blätter / 2g. (ja)

Kochanleitung:

Die Maisstärke mit ½ Tasse Apfelsaft glattrühren. Den Rhabarber mit einer Tasse Wasser 10 Min. dünsten, den restlichen Apfelsaft zufügen, mit der angerührten Stärke abbinden und nochmals aufkochen. Mit dem Honig süßen und mit Vanille und Zimt würzen. Die Grütze auf Dessertschälchen verteilen und mit Minze garnieren.

3.67 Rhabarberkuchen mit Streuseln

Führt ab, senkt Fieber, schont die Verdauungsorgane, entgiftet, wirkt bei Appetitlosigkeit, Blähungen, Darmentzündung. Lindert Schmerzen, bakterizid, hilft bei brüchigen Nägeln und Haaren, bei trockener Haut, Akne und Ekzemen.

Anzahl Portionen: 8
Kalorien p. Portion 476
Gramm p. Portion 239,5
Kochdauer ca. 1 1/2 Stunden
Allergene: AG
(Kohlehydrat:71,96% / Eiweiß & Fett:28,04%)
100g.≈ Eiweiß 12,4g. Fett:15,41g.
µg. - Ph:14,75 Na:1,3 Ka:29,73 Mg:3,75 Ca:5,17 Fe:0,2 Zn:0,02 Col.:0,01 Hsr.:12,08

Zutaten:
Weizen Mehl 400 g. / 400g. (ja)
Kuhmilch (Vollmilch 3,5 % Fett) 250 ml. / 200g. (ja)
Hefe 30 g. / 30g. (ja)
Honig 2 TL / 5g. (wenig)
Sonnenblumenöl 2 TL / 5g. (ja)
Zitrone Schale 1 Stück / 3g. (ja)
Salz 1 Prise / 1g. (wenig)
Rhabarber 1 Kg / 800g. (ja)
Margarine 120 g. / 120g. (wenig)
Weizen Mehl 300 g. / 300g. (ja)
Vanillezucker natur 2 Prisen / 1g. (wenig)
Zimtpulver 2 Prisen / 1g. (ja)
Honig 5 EL / 50g. (wenig)

Kochanleitung:
Mehl, abgeriebene Zitronenschale und Salz mischen. Milch leicht erwärmen und mit Hefe und Honig verrühren. Mehlgemisch und Öl zugeben und kräftig durchkneten. Den Teig zugedeckt an einem warmen Ort gehen lassen, bis er die doppelte Menge erreicht hat (ca. 30 Min.). Für die Streusel Mehl mit Vanille und Zimt mischen, danach Honig und Margarine zufügen und zu einer krümeligen Masse verarbeiten. Streuselteig noch kühl stellen. Ein Backblech mit Backpapier auslegen. Den Teig für den Boden noch einmal durchkneten, ausrollen, auf das Backblech legen und noch einmal 10 Min. gehen lassen. Den Rhabarber waschen, putzen, längs halbieren und in ca. 3 cm große Stücke schneiden. Die Stücke gleichmäßig auf dem ausgerollten Teig verteilen und die Streusel über den gesamten Kuchen krümeln. Den Kuchen in dem auf 175 Grad vorgeheizten Backofen ca. 40 Min. backen.

3.68 Rindfleisch-Kürbis-Gemüse-Eintopf

Lindert Entzündungen, verbessert Verdauung, reduziert Blutzucker, stärkt Muskeln, Sehnen und Knochen, hilft Fett zu verdauen.

Anzahl Portionen: 4
Kalorien p. Portion 368
Gramm p. Portion   403,88
Kochdauer ca.   1 Stunde
Allergene: AL
(Kohlehydrat:47,68% / Eiweiß & Fett:52,32%)
100g.≈ Eiweiß 30,33g. Fett:11,31g.
µg. - Ph:18,15 Na:12,9 Ka:63,49 Mg:6,73 Ca:14,8 Fe:0,3 Zn:0,08 Col.:1 Hsr.:11,31

Zutaten:
Rind Fleisch 350 g. / 350g. (ja)
Kürbis 350 g. / 350g. (ja)
Lauch (Porree) 150 g. / 150g. (ja)
Kartoffel 350 g. / 350g. (ja)
Tomate 150 g. / 150g. (ja)
Olivenöl 2 EL / 25g. (ja)
Grundrezept für eine Gemüsebrühe nahrhaft 125 g. / 125g. (ja)
Salz 1 Prise / 1g. (wenig)
Pfeffer gemahlen 1 Prise / 0,5g. ()
Paprika (Rosenpaprikapulver) 1 TL / 2g. (ja)
Kümmel gemahlen 1 Prise / 1g. (ja)
Zucker Ursüße (Zuckerrohr) süß 1 Prise / 1g. (wenig)
Petersilie 1/2 Bund / 30g. (ja)
Weißbrot (Weizenbrot) 4 Scheiben / 80g. (wenig)

Kochanleitung:
Rindfleisch in Würfel schneiden. Kürbis schälen und würfeln. Lauch in Ringe schneiden und geschälte Kartoffeln würfeln. Die Tomaten mit kochendem Wasser überbrühen, Haut abziehen und würfeln. Fleisch in Olivenöl anbraten und mit Gemüsebrühe auffüllen. Das geputzte Gemüse dazugeben und mit Salz, Pfeffer, Paprika, Kümmel und Fruchtzucker abschmecken. 30 Min. bei schwacher Hitze schmoren .Noch einmal würzen und mit Petersilie bestreut mit Weißbrot servieren.

3.69 Rindfleischsalat

Stärkt Milz, Magen, Blut, Muskeln, Sehnen und Knochen, kühlt und befeuchtet, harntreibend, entgiftend, unterdrückt Umwandlung von Zucker in Fett, senkt Cholesterinspiegel, löst Stagnation.

Anzahl Portionen: 1
Kalorien p. Portion 249
Gramm p. Portion 197
Kochdauer ca. 10 Min.
Allergene: O
(Kohlehydrat:54% / Eiweiß & Fett:46%)
100g.≈ Eiweiß 15,71g. Fett:7,9g.
µg. - Ph:151,93 Na:219,82 Ka:142,62 Mg:14,06 Ca:28,43 Fe:1,3 Zn:1,53 Col.:18,53 Hsr.:43,25

Zutaten:
Rind Fleisch 50 g. / 50g. (ja)
Zwiebel weiss 20 g. / 20g. (ja)
Paprika 30 g. / 30g. (ja)
Gurke (Gewürzgurke) 30 g. / 30g. (ja)
Essig (Apfelessig) 2 TL / 5g. (ja)
Rapsöl 2 TL / 5g. (ja)
Salz 1 Prise / 0,5g. (wenig)
Pfeffer gemahlen 1 Prise / 0,1g. ()
Lauchzwiebel Schnittlauch 1 EL / 7g. (ja)
Brot mit Johannisbrotkernmehl 2 Scheiben / 50g. (ja)

Kochanleitung:
Das Fleisch mit dem Grundrezept einer Rinderbrühe kochen, auskühlen lassen und in ca. 1 cm große Scheiben schneiden. Zwiebeln in Ringe, Paprikaschote und Gewürzgurke in kleine Würfel schneiden und alle Zutaten mischen. Salatmarinade aus Essig, Öl und Salz herstellen und darüber verteilen, abschmecken und durchziehen lassen.

3.70 Rosmarinkartoffeln

Kartoffel stärkt die Milz, lindert Entzündungen, verbessert die Verdauung, regeneriert die Haut, ist harntreibend, senkt Cholesterinspiegel. Rosmarin fördert Verdauung, stärkt Lunge, Milz und Nieren.

Anzahl Portionen: 2
Kalorien p. Portion 189
Gramm p. Portion 216,5
Kochdauer ca. 30 Min.
(Kohlehydrat:76,49% / Eiweiß & Fett:23,51%)
100g.≈ Eiweiß 4,21g. Fett:5,25g.
µg. - Ph:23,02 Na:1,45 Ka:165,76 Mg:9,44 Ca:3,73 Fe:0,2 Zn:0,07 Col.:0,01 Hsr:7,27

Zutaten:
Kartoffel 6-8 Stück / 420g. (ja)
Salz Kräutersalz 1 Prise / 1g. (wenig)
Olivenöl 1 EL / 10g. (ja)
Rosmarin 1 TL / 2g. (ja)

Kochanleitung:
Kartoffeln der Länge nach halbieren, mit etwas Olivenöl bestreichen, salzen, 2-3 Rosmarinnadeln auf jede halbe Kartoffel streuen, auf Backblech setzen und im vorgeheizten Backofen ca. 25 Min. bei 190 Grad backen.

3.71 Rührei mit Blattsalat-Oliven-Tomaten

Beruhigt Nerven und Magen, lindert Müdigkeit, verbessert Magen-Darm-Funktionen, fördert Verdauung, regt Leberfunktion an, entgiftet, hilft Fett zu verdauen, harntreibend, senkt Blutdruck.

Anzahl Portionen: 1
Kalorien p. Portion 420
Gramm p. Portion 264,5
Kochdauer ca. 10 min.
Allergene: C
(Kohlehydrat:8,12% / Eiweiß & Fett:91,88%)
100g.≈ Eiweiß 24,41g. Fett:33,87g.
µg. - Ph:158,24 Na:226,06 Ka:184,43 Mg:13,79 Ca:53,45 Fe:1,72 Zn:1,03 Col.:269,53
Hsr.:7,45

Zutaten:
Huhn Ei 2-3 Stück / 180g. (ja)
Olivenöl 1 EL / 10g. (ja)
Salz 1 Prise / 1g. (wenig)
Pfeffer gemahlen 1 Prise / 0,5g. ()
Oliven 6 Stück / 10g. (ja)
Tomate 1 Stück / 50g. (ja)
Kopfsalat 2 Blätter / 5g. (empfehlenswert)
Kurkuma (Gelbwurz) 1 Prise / 1g. (ja)
Petersilie 1/2 EL / 5g. (ja)
Basilikum (frisch) 2-3 Blatt / 2g. (ja)

Kochanleitung:
In der Pfanne Olivenöl erhitzen, Tomate in Scheiben schneiden und Salat in kleine Stücke zupfen. Tomaten, Salat und Oliven kurz andünsten und dabei die Eier mit Salz und Gewürzen mit einer Gabel verrühren und diese Masse in die Pfanne eingießen. Mit einem

Holzlöffel umrühren, bis die gewünschte Konsistenz erreicht ist.
Gewürze und Kräuter: Kurkuma, Petersilie, Basilikum, Schwarzkümmel.
Variante: Zucchini, Rucola

3.72 Rührei mit Rucola und Kräutern

Beruhigt Nerven und Magen, fördert Verdauung, entgiftet, stärkt
Säfteproduktion, treibt Schweiß, reduziert Blutfett, regt an, löst
Stagnation, regt Leberfunktion an, harmonisiert Leber und Milz, stärkt
Sehkraft, entgiftet.

Anzahl Portionen: 1
Kalorien p. Portion 360
Gramm p. Portion 191
Kochdauer ca. 10 Min
Allergene: CG
(Kohlehydrat:11% / Eiweiß & Fett:89%)
100g.≈ Eiweiß 16,61g. Fett:30,38g.
µg. - Ph:156,1 Na:98,06 Ka:229,29 Mg:15,37 Ca:66,01 Fe:1,96 Zn:0,98 Col.:273,93
Hsr.:9,63

Zutaten:
Butter Bio 2 EL / 20g. (wenig)
Ingwer frisch 1 Messerspitze / 1g. (ja)
Huhn Ei 2 Stück / 120g. (ja)
Pfeffer gemahlen 1 Prise / 0,5g. ()
Koriander 1 Prise / 1g. (ja)
Petersilie 2 EL / 16g. (ja)
Oregano getrocknet 1 TL / 2g. (ja)
Bohnenkraut 1 Prise / 0,5g. (ja)

Kochanleitung:
Ein Stück Butter in einer Pfanne schmelzen lassen. Etwas
kleingeschnittenen Ingwer kurz darin anbraten. 1 Ei darin aufschlagen
und frisch gemahlenen Pfeffer, eine Prise Koriander, Bohnenkraut,
etwas Salz, gehackte Petersilie, Rucola und Oregano (kleingeschnitten)
unterrühren, bis das Ei stockt, aber noch saftig ist. Dazu passt: Hirse,
Polenta, Kartoffeln, getoastetes Brot. Bekömmlicher ist das Gericht
jedoch ohne Kohlehydrate.

3.73 Schnellpolenta mit Avocado und Frühlingszwiebel

Gut bei Entzündungen, Schwellungen und Schmerzen. Stärkt Magen und Milz, harntreibend, lässt Gallensaft fließen, löst Stagnation, liefert ungesättigte Fettsäuren, antioxidativ.

Anzahl Portionen: 2
Kalorien p. Portion 449
Gramm p. Portion 286
Kochdauer ca. 10 min.
(Kohlehydrat:55% / Eiweiß & Fett:45%)
100g.≈ Eiweiß 6,92g. Fett:27,5g.
µg. - Ph:16,92 Na:0,99 Ka:54,42 Mg:8,7 Ca:3,02 Fe:0,13 Zn:0,17 Col.:0,01 Hsr.:3,78

Zutaten:
Mais (Schnellpolenta) 1 Tasse / 120g. (ja)
Wasser 2 Tassen / 240g. (ja)
Olivenöl 1 EL / 15g. (ja)
Salz 1 Prise / 1g. (wenig)
Pfeffer gemahlen 1 Prise / 0,5g. ()
Zitrone Saft 1 Schuss / 3g. (ja)
Zwiebel Frühlingszwiebel 2 Stück / 40g. (ja)
Avocado 1/2 Stück / 150g. (wenig)
Kurkuma (Gelbwurz) 1 Prise / 1g. (ja)
Basilikum (frisch) 1 TL / 2g. (ja)

Kochanleitung:
Wasser erhitzen. Öl, Zitrone und Gewürze dazugeben. Wenn das Wasser kocht, Polenta unter ständigem Rühren einrieseln lassen und 2 Min. kochen. Wenn der Brei fest wird, ist die Polenta ferti Gewürfelte Avocado und geschnittene Frühlingszwiebel unter die Polenta mischen. Mit frischem Basilikum überstreuen.

3.74 Spargelcremesuppe

Harntreibend, fördert Durchblutung, produziert Körpersäfte, beugt Krebs vor, führt ab, antiparasitär, regt Leberfunktion an. Gut bei Appetitlosigkeit, Blähungen, Rheuma, Sodbrennen.

Anzahl Portionen: 2
Kalorien p. Portion 240
Gramm p. Portion 409,5
Kochdauer ca. 45 Min.
Allergene: ACG
(Kohlehydrat:21% / Eiweiß & Fett:79%)
100g.≈ Eiweiß 5,2g. Fett:19,85g.
µg. - Ph:9,44 Na:1,5 Ka:15,8 Mg:1,6 Ca:6,23 Fe:0,13 Zn:0,08 Col.:9,84 Hsr.:2,42

Zutaten:
Spargel (grün oder weiß) 200 g / 200g. (ja)
Wasser 1/2 Liter / 500g. (ja)
Rapsöl 3 EL / 30g. (ja)
Weizen Mehl 2 EL / 10g. (ja)
Huhn Eigelb 1 Stück / 25g. (ja)
Kuhmilch (Vollmilch 3,5 % Fett) 1 EL / 15g. (ja)
Sauerrahm 15% Fett 1 EL / 15g. (wenig)
Pfeffer gemahlen 1 Prise / 0,5g. ()
Muskatnuss 1 Prise / 0,5g. (ja)
Zitrone Saft 1 TL / 2g. (ja)
Petersilie 2 EL / 20g. (ja)
Salz 1 Prise / 1g. (wenig)

Kochanleitung:
Den Spargel waschen und schälen. Wasser, etwas Zitronensaft und
eine Prise Salz zum Kochen bringen. Die Spargelstangen
zusammenbinden. Spargelschalen ins Kochwasser geben und
aufkochen lassen. Den Spargel in die kochende Flüssigkeit geben und
auf kleiner Hitze ca. 20 Min. garen lassen. Danach die Spargelbündel
herausnehmen und den Sud durch ein Sieb gießen. Für die Einbrenne
das Öl in einem Topf erhitzen, das Mehl zugeben und farblos
anschwitzen. Mit dem Spargelsud langsam auffüllen und 10 Min.
köcheln lassen. Die Spargelstangen in ca. 3 cm lange Stücke
schneiden und unter die abgebundene Suppe geben. Kurz vor dem
Servieren die Suppe nochmals aufkochen lassen. Das Eigelb mit Milch
und Sauerrahm verrühren. Den Topf vom Herd nehmen und danach
das Eigelb-Milch-Gemisch unterrühren. Mit Pfeffer und Muskat
abschmecken, mit der gehackten Petersilie dekorieren und sofort
servieren.

3.75 Tee aus Holunderblüten

Harn- und schweißtreibend. Gut bei Halsschmerzen, Erkältungen,
Grippe, Harnsteinen, Konzentrationsschwäche, Mitessern, Rheuma,
Verstopfung, Wassersucht, Heuschnupfen. Stärkt das Immunsystem.
Anzahl Portionen: 4
Kalorien p. Portion 7
Gramm p. Portion 128
Kochdauer ca. 10 Min.
(Kohlehydrat:0% / Eiweiß & Fett:0%)
100g.≈ Eiweiß 0g. Fett:0g.
µg. - Ph:0 Na:0,24 Ka:0 Mg:0,24 Ca:1,22 Fe:0 Zn:0,01 Col.:0 Hsr.:0

Zutaten:
Holunderblütentee 4 TL / 12g. (ja)
Wasser 1/2 Liter / 500g. (ja)

Kochanleitung:
Die Holunderblüten mit kochendem Wasser übergießen und nach 5 Min. abseihen.

3.76 Tee aus Ingwer mit Honig

Honig lindert Schmerzen, entgiftet, ist bakterizid. Frischer Ingwer fördert Verdauung, entgiftet, stärkt Säfteproduktion, treibt Schweiß, reduziert Blutfett, regt an, löst Stagnation.
Anzahl Portionen: 4
Kalorien p. Portion 5
Gramm p. Portion 127,25
Kochdauer ca.   30 Min.
(Kohlehydrat:98,08% / Eiweiß & Fett:1,92%)
100g.≈ Eiweiß 0,02g. Fett:0,01g.
µg. - Ph:0,1 Na:0,29 Ka:0,7 Mg:0,33 Ca:1,27 Fe:0,01 Zn:0,01 Col.:0 Hsr.:0

Zutaten:
Ingwer frisch 1 TL / 3g. (ja)
Wasser 1/2 Liter / 500g. (ja)
Honig 2 TL / 6g. (wenig)

Kochanleitung:
Wasser zum Kochen bringen und beiseite stellen. Ingwer zugeben und 20-30 Min. ziehen lassen. Nach Geschmack mit Honig süßen.

3.77 Tee aus Kamille

Gut bei Blähungen, Brechreiz, Darmkrämpfen, Durchfall, Entzündung der Mundschleimhaut, grippalen Infekten, Magen- und Darmschleimhautentzündung, schlecht heilenden Wunden, Übelkeit, Erkältungskrankheiten, Hautausschlägen, Entzündungen im Genital- und After.
Anzahl Portionen: 1
Kalorien p. Portion 0
Gramm p. Portion 123
Kochdauer ca.   10 Min.
(Kohlehydrat:0% / Eiweiß & Fett:0%)
100g.≈ Eiweiß 0g. Fett:0g.
µg. - Ph:0 Na:0,98 Ka:0 Mg:0,98 Ca:4,88 Fe:0,01 Zn:0,1 Col.:0 Hsr.:0

Zutaten:
Kamille 1 TL / 3g. (ja)
Wasser 1 Tasse / 120g. (ja)

Kochanleitung:
Wasser zum Kochen bringen und beiseite stellen. Kamillenblüten zugeben und 10 Min. ziehen lassen, dann abseihen.

3.78 Teemischung appetitanregend

Ingwerpulver vertreibt Kälte, fördert Schwitzen, löst Stagnation.
Anzahl Portionen: 4
Kalorien p. Portion 0
Gramm p. Portion   127,5
Kochdauer ca.   10 Min.
(Kohlehydrat:83% / Eiweiß & Fett:17%)
100g.≈ Eiweiß 0,01g. Fett:0g.
µg. - Ph:0,02 Na:0,06 Ka:0,12 Mg:0,08 Ca:0,32 Fe:0 Zn:0,01 Col.:0 Hsr.:0

Zutaten:
Bitterorangenschale 3 g. / 3g. (ja)
Schafgarbentee 3 g. / 3g. (ja)
Ingwer Pulver 1 g. / 1g. (ja)
Andornkraut 3 g. / 3g. (ja)
Wasser 500 ml / 500g. (ja)

Kochanleitung:
1 EL der Teemischung mit 500 ml Wasser überbrühen und 10 Min. ziehen lassen. Danach abseihen und in kleinen Schlucken vor dem Essen trinken.

3.79 Teemischung gegen allgemeine Erschöpfung

Gegen allgemeine Erschöpfung, antibakteriell, aufmunternd. Gut bei Appetitlosigkeit, Blähungen und Sodbrennen.
Anzahl Portionen: 4
Kalorien p. Portion 2
Gramm p. Portion   127
Kochdauer ca.   10 Min.
(Kohlehydrat:55% / Eiweiß & Fett:45%)
100g.≈ Eiweiß 0,17g. Fett:0,04g.
µg. - Ph:0,11 Na:0,11 Ka:0,93 Mg:0,13 Ca:0,63 Fe:0 Zn:0,01 Col.:0 Hsr.:0

Zutaten:
Zitronenmelisse (getrocknet) 2 TL / 3g. (ja)
Brombeerblätter 2 TL / 3g. (ja)
Lavendelblüten 1 TL / 2g. (ja)
Wasser 2 Tassen / 500g. (ja)

Kochanleitung:
2 g Melisse, 2 g Brombeerblätter, 1,5 g Lavendelblüten. Ein TL der
Kräutermischung mit einer Tasse kochendem Wasser übergießen, 10
Min. zugedeckt ziehen lassen und absieben. Dreimal täglich eine Tasse
trinken.

3.80 Tomatensuppe

Fördert Verdauung, hilft Fett zu verdauen, senkt Blutdruck, löst
Stagnation, antioxidativ, harntreibend.
Anzahl Portionen: 2
Kalorien p. Portion 100
Gramm p. Portion 290
Kochdauer ca. 10 min.
(Kohlehydrat:42% / Eiweiß & Fett:58%)
100g.≈ Eiweiß 1,78g. Fett:7,9g.
µg. - Ph:4,2 Na:1,2 Ka:31,36 Mg:1,99 Ca:3,85 Fe:0,07 Zn:0,04 Col.:0,01 Hsr.:1,47

Zutaten:
Olivenöl 1 EL / 15g. (ja)
Zwiebel weiss 1 Stück / 60g. (ja)
Zimtpulver 1 Prise / 1g. (ja)
Basilikum (frisch) 1 TL / 2g. (ja)
Pfeffer gemahlen 1 Prise / 0,5g. ()
Salz 1 Prise / 1g. (wenig)
Tomate 5 Stück / 250g. (ja)
Paprika (Rosenpaprikapulver) 1 Prise / 1g. (ja)
Wasser 250 g. / 250g. (ja)

Kochanleitung:
Die kleingeschnittene Zwiebel im Olivenöl in einem Topf anrösten, Salz
und Gewürze zufügen und kurz mitrösten. Gewaschene und geviertelte
Tomaten zugeben und kurz anbraten. 250 ml Wasser heißes Wasser
zufügen, 15 Min. kochen lassen und dann pürieren.

3.81 Traubensaft mit heißem Wasser

Beruhigt Magen, stärkt Sehnen und Knochen, fördert Verdauung, harntreibend.

Anzahl Portionen: 2
Kalorien p. Portion 44
Gramm p. Portion 120
Kochdauer ca. 5 Min.
(Kohlehydrat:94,41% / Eiweiß & Fett:5,59%)
100g.≈ Eiweiß 0,42g. Fett:0,18g.
µg. - Ph:5,25 Na:0,75 Ka:40,75 Mg:2,5 Ca:5,75 Fe:0,13 Zn:0,02 Col.:0 Hsr.:5,25

Zutaten:
Traubensaft rot 1 Tasse / 120g. (ja)
Wasser 1 Tasse / 120g. (ja)

Kochanleitung:
Traubensaft mit heißem Wasser aufgießen.

3.82 Überbackenes Chicoréegemüse

Liefert Mineralien und Vitamine (A,B,C), befeuchtet Darm.

Anzahl Portionen: 2
Kalorien p. Portion 231
Gramm p. Portion 460,5
Kochdauer ca. 20 Min.
Allergene: AG
(Kohlehydrat:74,2% / Eiweiß & Fett:25,8%)
100g.≈ Eiweiß 6,05g. Fett:7,04g.
µg. - Ph:20,06 Na:8,39 Ka:61,13 Mg:9,33 Ca:10,83 Fe:0,3 Zn:0,07 Col.:0 Hsr.:8,96

Zutaten:
Chicorée 4 Stück / 500g. (ja)
Sahne, süß 30% 2 EL / 40g. (wenig)
Brösel (Weizenbrot, Semmel) 2 EL / 20g. (ja)
Reis Basmatireis 1/2 Tasse / 60g. (ja)
Wasser 3 Tassen / 300g. (ja)
Salz 1 Prise / 1g. (wenig)

Kochanleitung:
Den ganzen Chicorée ca. 5 Min. blanchieren, in eine Auflaufform geben, etwas süße Sahne und Semmelbrösel darauf verteilen und überbacken. Den Reis in gesalzenem Wasser aufkochen lassen und auf niedriger Stufe ca. 15 Min. quellen lassen.

3.83 Ungarischer Reissalat

Fördert Verdauung, hilft Fett zu verdauen, harntreibend, senkt Blutdruck, stärkt Nieren und Blase, erwärmt den Körper von innen, erweitert die Gefäße, stärkt die Muskeln, reguliert Innenorganfunktionen.

Anzahl Portionen: 2
Kalorien p. Portion 421
Gramm p. Portion 323,75
Kochdauer ca. 25 Min.
Allergene: GM
(Kohlehydrat:54,13% / Eiweiß & Fett:45,87%)
100g.≈ Eiweiß 8,23g. Fett:14,84g.
µg. - Ph:37,91 Na:20,49 Ka:52,31 Mg:11,09 Ca:28,82 Fe:0,24 Zn:0,12 Col.:0,77 Hsr.:9,26

Zutaten:
Reis Vollkorn 1/2 Tasse / 60g. (ja)
Wasser 3 Tassen / 300g. (ja)
Salz 1 Prise / 0,3g. (wenig)
Tomate 100 g. / 100g. (ja)
Paprika 50 g. / 50g. (ja)
Champignon 30 g. / 30g. (ja)
Edamer 30 g. / 30g. (ja)
Joghurt (natur, 1,5 % Fett) 45 g. / 45g. (ja)
Salz 1 Prise / 1g. (wenig)
Kräuter verschiedene 1 EL / 8g. (ja)
Rapsöl 2 EL / 20g. (ja)
Senf 1 TL / 3g. (ja)
Pfeffer gemahlen 1 Prise / 0,2g. ()

Kochanleitung:
Reis in reichlich kochendem Salzwasser körnig weich kochen und abtropfen lassen. Tomaten und Paprikaschote waschen und entkernen. Beide klein würfeln. Champignons (aus der Dose oder in Rapsöl kurz anrösten) und Käse in kleine Würfel schneiden und zum Reis geben. Marinade herstellen und mit den Zutaten vermischen. Kühl stellen und mindestens 1 Std. durchziehen lassen.

3.84 Vanillecreme mit Beeren

Stärkt die Abwehr gegen Pilzinfektionen, abführend, entgiftend, blutreinigend. Gut bei Körperschwäche, chronischer Verstopfung, Gewichtsverlust.

Anzahl Portionen: 4
Kalorien p. Portion 282
Gramm p. Portion 272
Kochdauer ca. 15 Min.
Allergene: G
(Kohlehydrat:27,7% / Eiweiß & Fett:72,3%)
100g.≈ Eiweiß 13,39g. Fett:31,23g.
µg. - Ph:23,97 Na:6,5 Ka:32,71 Mg:3,46 Ca:21,12 Fe:0,1 Zn:0,02 Col.:0,41 Hsr.:1,8

Zutaten:
Topfen (Quark) 20% 400 g. / 400g. (ja)
Joghurt (natur, 1,5 % Fett) 150 g. / 150g. (ja)
Zucker braun 2 TL / 8g. (wenig)
Acerola Fruchtnektar oder Pulver 1 TL / 2g. (wenig)
Vanillezucker natur 3 paket / 3g. (wenig)
Sahne, süß 30% 125 g. / 125g. (wenig)
Erdbeere 100 g. / 100g. (ja)
Himbeere 100 g. / 100g. (ja)
Brombeere 100 g. / 100g. (ja)
Heidelbeere 100 g. / 100g. (ja)

Kochanleitung:
Quark, Joghurt, Zucker, Acerola und Vanillezucker mit dem Handrührgerät oder Schneebesen glatt rühren. Sahne sehr steif schlagen, unter die Quarkcreme mischen und portionsweise mit den Beeren anrichten.

3.85 Vegetarischer Gemüse-Getreide-Kartoffelbrei

Verbessert Verdauung, regeneriert Haut, harntreibend, senkt Cholesterinspiegel, lindert Verstopfung, produziert Muttermilch.

Anzahl Portionen: 2
Kalorien p. Portion 91
Gramm p. Portion 109
Kochdauer ca. 25 Min.
Allergene: A
(Kohlehydrat:61% / Eiweiß & Fett:39%)
100g.≈ Eiweiß 1,89g. Fett:4,42g.
µg. - Ph:13,11 Na:2,56 Ka:62,42 Mg:5,72 Ca:8,05 Fe:0,26 Zn:0,13 Col.:0 Hsr.:5,15

Zutaten:
Karotte (Frühkarotte) 30 g. / 30g. (ja)
Pastinake 30 g. / 30g. (ja)
Zucchini 30 g. / 30g. (ja)
Fenchel 10 g. / 10g. (ja)
Kartoffel 50 g. / 50g. (ja)
Wasser 20 g. / 20g. (ja)
Hafer Flocken (Vollkorn) 10 g. / 10g. (ja)
Orangensaft 30 g. / 30g. (wenig)
Rapsöl 8 g. / 8g. (ja)

Kochanleitung:
Das Gemüse und die Kartoffeln waschen, würfeln und in wenig Wasser dünsten. Wasser und Haferflocken zugeben, alles pürieren und schließlich das Öl untermengen. Hinweis: Dieser Brei ersetzt den Gemüse-Kartoffel-Fleisch-Brei, wenn in der Ernährung des Säuglings auf Fleisch verzichtet werden soll. Da Fleisch die beste Nahrungsquelle für Eisen ist, muss bei vegetarischer Ernährung besonders auf eine ausreichende Eisenversorgung geachtet werden.

3.86 Vitamindrink

Reguliert Magen-Darm-Funktion, stärkt Milz und Leber, senkt Blutdruck, bakterizid, stärkt Immunsystem, beugt Krebs vor.
Anzahl Portionen: 3
Kalorien p. Portion 172
Gramm p. Portion 273,33
Kochdauer ca. 5 Min.
(Kohlehydrat:91,86% / Eiweiß & Fett:8,14%)
100g.≈ Eiweiß 2,79g. Fett:0,57g.
µg. - Ph:9,44 Na:2,63 Ka:80,69 Mg:7,39 Ca:10,07 Fe:0,28 Zn:0,03 Col.:0 Hsr.:6,17

Zutaten:
Orangensaft 300 ml. / 300g. (wenig)
Karotte (Mohrrübe, Möhre) 200 g. / 200g. (ja)
Banane 2 Stück / 300g. (ja)
Kiwi 1 Stück / 20g. (ja)

Kochanleitung:
Orangen, Karotten, Bananen und die Kiwi grob zerkleinern und mit dem Mixstab fein pürieren.

3.87 Wärmende Karottensuppe

Stärkt und wärmt, senkt Blutdruck, bakterizid, stärkt Immunsystem, beugt Krebs vor, reduziert Strahlenverletzungen, stärkt Magen-Darm-Funktion.

Anzahl Portionen: 3
Kalorien p. Portion 133
Gramm p. Portion 274,67
Kochdauer ca. 30 min
Allergene: HL
(Kohlehydrat:78,77% / Eiweiß & Fett:21,23%)
100g.≈ Eiweiß 2,17g. Fett:7,87g.
µg. - Ph:8,57 Na:6,92 Ka:27,55 Mg:25,11 Ca:97,93 Fe:0,4 Zn:0,03 Col.:0 Hsr.:2,99

Zutaten:
Karotte (Mohrrübe, Möhre) 4 Stück / 250g. (ja)
Walnussöl 2 EL / 20g. (ja)
Zwiebel Schalotte 2 Stück / 40g. (ja)
Anis (gemeiner Fenchel) 1/2 TL / 1g. (ja)
Muskatnuss 1 Prise / 1g. (ja)
Ingwer frisch 1/2 TL / 1g. (ja)
Salz 1 Prise / 1g. (wenig)
Grundrezept für eine Gemüsebrühe nahrhaft 1/2 Liter / 500g. (ja)
Petersilie 1 EL / 10g. (ja)

Kochanleitung:
Walnussöl in einem Topf erhitzen und die kleingeschnittenen Zwiebeln darin anbraten. Karotten gewürfelt zufügen. Anis, Muskat, etwas Ingwer und Salz zugeben. Wasser oder Gemüse- bzw. Fleischbrühe zugeben. Alles weich kochen und dann pürieren. Am Ende Petersilie unterheben. Empfehlung: Die Suppe eignet sich für die kalte Jahreszeit, vor allem, wenn man als Flüssigkeit zum Aufgießen Fleischbrühe verwendet.

3.88 Zucchini-Grieß-Cremesuppe

Gut bei Appetitlosigkeit, Schluckstörungen, Blähungen, Darmentzündung, Rheuma, Sodbrennen. Senkt Blutdruck, fördert Gewichtsabnahme.

Anzahl Portionen: 4
Kalorien p. Portion 146
Gramm p. Portion 341,75
Kochdauer ca. 25 Min.
Allergene: AGL
(Kohlehydrat:78% / Eiweiß & Fett:22%)
100g.≈ Eiweiß 4,02g. Fett:7,8g.
µg. - Ph:1,7 Na:0,83 Ka:9,09 Mg:4,88 Ca:18,35 Fe:0,08 Zn:0,02 Col.:0,22 Hsr.:0,82

Zutaten:
Butter Bio 20 g. / 20g. (wenig)
Weizen Gries 2 EL / 20g. (ja)
Petersilie 1 Bund / 100g. (ja)
Grundrezept für eine Gemüsebrühe nahrhaft 800 ml. / 800g. (ja)
Liebstöckel 1/2 TL / 2g. (ja)
Muskatnuss 1 Prise / 0,5g. (ja)
Anis (gemeiner Fenchel) 1 Prise / 0,5g. (ja)
Zucchini 400 g. / 400g. (ja)
Ingwer frisch 1/2 TL / 1g. (ja)
Creme fraiche 2 EL / 20g. (wenig)
Zitrone Schale 1/4 Stück / 2g. (ja)
Salz 1 Prise / 1g. (wenig)
Pfeffer gemahlen 1 Prise / 0,5g. ()

Kochanleitung:
Butter in einem Topf schmelzen, Grieß hinzufügen und unter Rühren
kurz anrösten. Die Hälfte der gehackten Petersilie dazugeben, kurz
andünsten, mit Gemüsebrühe (nach Grundrezept) aufgießen, mit
gehacktem Liebstöckel, Muskat und Anis würzen. Suppe ohne Deckel
10 Min. leicht kochen, kleingeschnittene Zucchini und ein kleines Stück
Zitronenschale dazugeben und weitere 5 Min. köcheln lassen, bis die
Zucchini weich sind. Zitronenschale entfernen und mit dem Mixstab
zusammen mit der Crème fraîche und der restlichen Petersilie fein
pürieren.

3.89 Zwetschgenkuchen

Entwässert den Körper, regt die Verdauung an, bindet Fette im Darm,
lindert Schmerzen, entgiftet, bakterizid, beugt Krebs vor. Gut bei
Appetitlosigkeit, Blähungen, Darmentzündung, Fettsucht, Gicht,
Magengeschwür, Magenkrampf, Rheuma, Sodbrennen.
Anzahl Portionen: 6
Kalorien p. Portion 503
Gramm p. Portion   307,83
Kochdauer ca.   1 Stunde
Allergene: AG
(Kohlehydrat:71,38% / Eiweiß & Fett:28,62%)
100g.≈ Eiweiß 12,33g. Fett:19,28g.
µg. - Ph:15,91 Na:4,6 Ka:32,67 Mg:3 Ca:5,23 Fe:0,16 Zn:0,02 Col.:0,05 Hsr.:8,3

Zutaten:
Topfen (Quark) 20% 200 g / 200g. (ja)
Weizen Mehl 400 g. / 400g. (ja)
Kuhmilch (Vollmilch 3,5 % Fett) 6 EL / 70g. (ja)
Rapsöl 6 EL / 70g. (ja)
Honig 8 EL / 100g. (wenig)
Backpulver 1 Paket / 3g. (ja)
Salz 1 Prise / 1g. (wenig)
Zimtpulver 1 TL / 3g. (ja)
Zwetschken 1 Kg / 1000g. (ja)

Kochanleitung:
Mehl, Quark, Milch, Öl, Honig, Salz und Backpulver zu einem glatten
Teig verrühren. Den Teig 15. Min. kühl stellen und quellen lassen.Auf
einem mit Backpapier ausgelegten Backblech den Teig auslegen, die
Pflaumen gleichmäßig darauf verteilen und mit dem Zimt bestreuen. Für
ca. 40 Min. bei 190 Grad backen.

4   Wirkung der Lebensmittel

4.1   Zutaten verwenden: empfehlenswert

Blattsalate (bitter)
Gewürznelke

Kopfsalat

4.2   Zutaten verwenden: ja

Adzukibohnen
Agar-Agar, Agartang
Ahornsirup
Aloesaft
Amaranth
Amaranth POPS
Ananas
Ananas (aus der Dose)
Ananassaft ungezuckert
Andornkraut
Angelikawurzel
Anis (gemeiner Fenchel)
Apfel (sauer)
Apfel (süß)
Apfelmus
Aprikose
Artischocke
Aubergine
Austern

Austernpilze
Austernschalenpulver
Backpulver
Baldrian
Bambussprossen
Banane
Banane Kochbanane
Banchatee
Bärentraubenblätter
Bärlauch (Knoblauchspinat)
Barsch
Basilikum
Basilikum (frisch)
Bataviasalat
Beeren der Saison
Benediktinerdistel
Berberitzenrindetee
Birne
Bitterklee

Bitterorangenschale
Blumenkohl (Karfiol)
Blütenpollen
Bocksdornfrüchte (Fructus Lycii)
getrocknet
Bockshornklee
Bohnen (grün, frisch)
Bohnenkraut
Bohnenöl
Borretsch
Borretschöl
Boxhornkleesamen
Bratöl
Brennnessel
Brie
Brokkoli
Brombeerblätter
Brombeere
Brombeere getrocknet (unreife)
Brösel (Weizenbrot, Semmel)
Brot mit Johannisbrotkernmehl
Buchweizen
Buchweizen (geröstet) Kasha
Buchweizen Vollkorn
Bulgur (Getreide)
Buschbohnen
Butter (halbfett)
Butterbohnen weiße
Buttermilch
Camembert
Cashewnüsse
Champignon
Channa-Dal
Chenpi (chinesische
Mandarinenschale)
Chicorée
Chili (Schote oder gemahlen)
Chinakohl
Chlorella (Süßwasser)
Chrysanthemenblütentee
Clementinen
Colagetränk (kalorienarm)
Couscous
Cranberries
Cumin (Kreuzkümmel)
Curry
Currypaste rot
Dashi
Datteln rot
Dill
Dinkel
Dinkel Brot
Dinkel Flocken
Dinkel Gries

Dinkel Vollkornmehl
Distelöl
Dornhai (Seeaal, Schillerlocken)
Dorsch
Dulse (Lappentang)
Edamer
Eibennuss
Eibisch (Hibiscus)
Eisbergsalat
Emmentaler
Endiviensalat
Ente (Frühmastente, schlachtfrisch)
Ente (Herz)
Entenei
Enzianwurzel
Erbse, grün
Erbsen
Erdbeere
Erdnüsse
Erdnussöl
Essig (Apfelessig)
Essig (Rotweinessig)
Essig Aceto Balsamico
Essig Aceto Balsamico weiss
Essiggurke
Estragon
Färberdiestel (Hong Hua)
Färberginsterkraut
Fasan
Feige
Feldsalat
Fenchel
Fenchelsamen gemahlen
Fencheltee
Feta
Fisch Innereien
Fischreste
Fischsouce
Fischstücke gemischt (Süßwasser)
Flaschenkürbis
Flohsamen
Flunder
Forelle
Forelle (geräuchert)
Frischkäse
Frischkäse aus Soja
Frischkäse mit Kräuter
Früchtetee
Gagelpflaume
Galgant
Gänseblümchen
Gänseblut
Gänseei
Garam Masala Pulver

Garnele
Gelatine weiss
Gelee Royal
Gemüsesaft
Gerste
Gerste (Nacktgerste)
Gerste (Perlgerste)
Gerstengras Pulver
Gerstengraupen
Gerstengrütze
Gerstenmalz
Gerstenmehl
Getreidekaffee
Ginkgofrucht
Ginsengwurzel
Glühweingewürzmischung
Gouda
Granatapfel
Grapefruit getrocknete Schale
Grapefruit/Pampelmuse/Pomelo
Grapefruitsaft
Graskarpfen
Grüner Tee
Grünkern
Guave
Gurke
Gurke (bitter)
Gurke (Gewürzgurke)
Hafer
Hafer Flocken (Vollkorn)
Hafer Flocken geröstet
Hafer Mehl
Hafer Milch
Hafer Schmelzlocken (Babynahrung)
Hafer Schrot
Hagebutte
Hagebuttentee
Haifisch
Hammel
Hase
Hase, wild
Haselnüsse
Hefe
Heidelbeere
Heidelbeere getrocknet
Hibiskustee
Hijiki
Himbeerblättertee
Himbeere
Himbeere getrocknet (unreife)
Hiobsträne (Samen) YiYi Ren
Hirsch Fleisch
Hirsch Knochen
Hirsch Nieren

Hirse
Hirseflocken
Hokkaidokürbis
Holunderbeeren
Holunderblütentee
Honigmelone
Hopfen
Huhn Blut
Huhn Ei
Huhn Eigelb
Huhn Eiweiß
Huhn Fleisch
Huhn Herz
Huhn Magen
Hüttenkäse
Ingwer frisch
Ingwer Pulver
Ingweröl
Jakobstränen
Jasminblütentee
Joghurt (natur, 1,5 % Fett)
Joghurt (natur, 3,5 % Fett)
Johannisbeere (rot)
Johannisbeere (schwarz)
Johannisbeere (weiß)
Johannisbrotkernmehl
Kaffee
Kaffeeweißer
Kakao
Kaki-Pflaume
Kaktusfeige
Kalmus
Kamille
Kaninchen Fleisch
Kapern (eingelegt)
Kapuzinerkresse
Karambole/Sternfrucht
Karausche
Kardamom
Karotte (Frühkarotte)
Karotte (Mohrrübe, Möhre)
Karottensaft ohne Zucker
Karpfen
Kartoffel
Kartoffel (mehlige)
Kartoffelmehl
Käsepappeltee
Kastanien (Maronen)
Kaviar
Kefir
Kerbel
Kerbel getrocknet
Kichererbsen
Kirsche

Kirsche (sauer)
Kirschenkompott
Kiwi
Klementine
Klettenwurzeltee
Knäckebrot
Knoblauch
Kohlrabi
Kohlrübe
Kokosflocken
Kokosmilch
Kokosnussfleisch
Kokosraspeln
Kombualge
Kompott (Früchte der Saison)
Koriander
Koriandergrün
Korinthen (rot)
Korinthen (schwarz)
Kräuter bittere
Kräuter der Provence
Kräuter verschiedene
Kräuter Wildkräuter
Kräuterteemischung
Kresse
Kuhmilch (1,5 % Fett)
Kuhmilch (Vollmilch 3,5 % Fett)
Kukichatee
Kümmel
Kümmel gemahlen
Kumquat
Kürbis
Kürbiskerne
Kürbiskernöl
Kurkuma (Gelbwurz)
Kuzu
Lachs
Lamm Fleisch
Lamm Knochen
Lamm Schulter
Languste
Lauch (Porree)
Lauchzwiebel Schnittlauch
Laugengebäck
Lavendelblüten
Leberglättertee
Leinöl
Leinsamen
Leinsamen (geschrotet)
Liebstöckel
Liebstöckelsamen
Limabohnen
Lindenblütentee
Linsen (Helmbohnen)

Linsen gelb
Linsen rot
Linsen schwarz
Longane
Loquate/Japanische Mispel
Lorbeerblatt
Lotossamen
Lotoswurzeln
Löwenzahn (junger)
Löwenzahnsaft
Löwenzahnwurzeltee
Luohan-Frucht
Lychee
Lychee (Konserve)
Magermilchpulver
Mais
Mais (geröstet)
Mais (Schnellpolenta)
Mais Gries (Polenta)
Mais Mehl (Maizena)
Maishaartee
Maiskeimöl
Maisstärke
Majoran
Makannastern Samen
Malventee
Malz
Mandarine
Mandelmilch
Mandelmus
Mandeln
Mango
Mangold
Mangopulver
Maniokmehl
Marillen
Maulbeerfrucht
Meeräsche
Meereskrebs
Mehrkornbrot (Graubrot)
Melisse
Mineralwasser
Mirabelle
Miso
Miso schwarz (fermentiert)
Mispel
Mittelmeerfisch (Kabeljau, Scholle,
Schellfisch, Seeaal, Makrele)
Mixed Pickels
Mohn
Molke
Moosbeere
Morchel (schwarz, getrocknet)
Mozzarella

Mu-Erh-Pilz
Mungbohne
Mungbohnensprossen
Muskatnuss
Müsli
Nachtkerzenöl
Nektarine
Nelke
Nierenbohnen (rote)
Nori, Purpurtang, Rotalge
Nudeln (Vollkorn) mit Ei
Nudeln (Weizen) mit Ei
Nudeln (Weizen, Bandnudeln) mit Ei
Nudeln (Weizen, Lasagneblätter) mit Ei
Nudeln (Weizen, Spagetti) mit Ei
Odermennig
Okra
Oliven
Oliven grün
Olivenöl
Orange
Orange abgeriebene Schale
Orange getrocknete Schale
Orange Schale
Orangenblüten
Oregano frisch
Oregano getrocknet
Palmöl
Papaya
Paprika
Paprika (Rosenpaprikapulver)
Paprika (süß)
Paranuss
Passionsblumenblütentee
Passionsfrucht (Maracuja)
Pastinake
Peperoni
Peperoni, gelb, entkernt, halbiert
Peperoni, rot, entkernt, halbiert
Petersilie
Petersilienwurzel
Pfeffer Cayenne
Pfeffer Körner
Pfeffer weiss (gemahlen)
Pfefferminze
Pfefferminztee
Pfeilwurzelmehl
Pferd Fleisch
Pfifferlinge/Eierschwammerl
Pfirsich
Pfirsich (Dose)
Pflaume
Pflaume getrocknet
Piment

Pinienkerne
Pintobohnen gesprenkelt
Pistazien
Preiselbeere
Preiselbeersaft
Puddingpulver Vanille
Pumpernickel
Pute Brustfleisch
Pute Schinken
Quargel 20%
Quinoa
Quitte
Radicchio
Radieschen
Rapsöl
Reh Fleisch
Reineclaude
Reis Basmatireis
Reis Duftreis
Reis Gaoliangreis (Sorghum)
Reis Klebreis
Reis Langkornreis
Reis Reisschleim
Reis Roter
Reis Rundkornreis
Reis Schwarzer
Reis Sorte beliebig
Reis Süßer
Reis Vollkorn
Reis Wilder (Naturreis)
Reishi
Reismalz
Reismehl
Reisnudeln
Reisstärke
Rettich (weiß, grün, lila-rot)
Rettich Meerrettich (Kren)
Rettich schwarz
Rettichblätter (vom Wochenmarkt)
Rhabarber
Rind (Kalb)
Rind Filet
Rind Fleisch
Rind Fleischknochen
Rind Herz
Rind Herz (Kalb)
Rind Knochenmark
Rind Lunge (Kalb)
Rind Magen
Rind Ochsenschwanzstücke
Rind Suppenfleisch
Roggen
Roggen Vollkornbrot
Roggenmehl

Römersalat/Lattich-Salat
Rosenblättertee
Rosenblütentee
Rosenkohl
Rosmarin
Rotbarsch
Rote Grütze (ohne Zucker)
Rote Rübe
Rotkohl
Safran
Sago (Getreide)
Sahne 10% Kaffeesahne
Sahne sauer 10%
Salbei
Sanddorn
Sardellen/Sardine
Saubohnen (Dicke Bohnen)
Sauerampfer
Sauerkirsche
Sauerkraut
Sauermilch
Sauerteig
Schaffleisch
Schafgarbe
Schafgarbentee
Schafmilch Joghurt
Schafskäse
Schafsmilch
Schimmelkäse
Schlehdorn
Schmelzkäse 12%
Schnecke
Scholle
Schwarzaugenbohnen
Schwarze Bohnen
Schwarzer Fungu Pilz
Schwarzkümmel
Schwarztee
Schwarzwurzel
Schwedenkraut (Schwedenbitter)
Schwein Blut
Schwein Darm
Schwein Fleisch
Schwein Haut
Schwein Haxe (Eisbein)
Schwein Herz
Schwein Hirn
Schwein Lunge
Schwein Magen
Schwein Markknochen
(Röhrenknochen)
Schwein Mettwurst
Schwein Schinken
Schwein Schinken gekocht

Schwein Schinken geselcht
Schwein Schinkenspeck
Seegurke
Sellerie Knolle
Sellerie Stangensellerie
Senf
Senf Dijon
Senf mittelscharf
Senf süß
Senfsamen
Sesam Paste (Tahini)
Sesam, Schwarzer
Sesam, Weißer
Sesamöl
Sesamöl geröstet
Shiitake, getrocknet
Silbermorchel, getrocknet
Soja Cuisine (Soja-Sahne)
Soja Tofu
Soja Tofu geräuchert
Sojabohne
Sojabohnen, Gelbe
Sojabohnen, Schwarze
Sojabohnen, Schwarze, fermentiert
Sojabohnenmilch
Sojacreme
Sojamehl
Soja-Nudeln
Sojaöl
Sojapaste (Miso)
Sojasauce
Sonnenblumenkerne
Sonnenblumenöl
Spargel (grün oder weiß)
Speiserüben
Spinat
Spitzwegerichtee
Stachelbeere
Stangenbohnen (Fisolen)
Steinpilz/Herrenpilz
Sternanis
Stevia (Süßkraut)
Stutenmilch
Süßholzwurzeltee
Süßkartoffel
Süßwasserfisch
Süßwasserkrebs
Tabasco
Taube
Taube Ei
Teemischung Harnsäuresenkend
Thunfisch
Thymian
Thymian getrocknet

Tintenfisch
Toastbrot (Vollkorn)
Tomate
Tomate getrocknet
Tomatenmark
Tomatenpüre
Tomatensaft
Tonicwasser
Topfen (Quark) 20%
Traubenkernöl
Traubensaft rot
Traubensaft weiß
Trüffel
Tsampa (geröstetes Gerstenmehl)
Umeboshipaste
Umeboshipflaumen (Japanaprikosen)
Vanille
Vanillepulver
Vanilleschote
Vogelmiere
Vogerlsalat (Pflücksalat)
Vollkornbrot
Vollkornbrot mit ganzen Körner
Vollkornmehl
Wacholderbeere
Wachskürbis
Wachtel
Wachtel Ei
Wakame
Walderdbeeren
Walnüsse
Walnussöl
Wasser
Wasser heiss
Wassermelone
Weißdorn
Weiße Bohnen
Weißfischchen
Weißkohl/Weißkraut
Weißwurz
Weizen
Weizen Bulgurweizen
Weizen Flocken

Weizen Gras Pulver
Weizen Gries
Weizen Gries - Kindergries
Weizen Mehl
Weizen Mehl Vollkorn
Weizen/Roggen Grau- Schwarzbrot mit
Hefe
Weizengrassaft
Weizenkeimöl
Weizenkleie
Wermutkraut
Wildkräuter
Wildschwein Fleisch
Wirsing/Grünkohl
Yamswurzel, Yamswurzelknolle
Yogitee
Ysop
Ziege
Ziegen- und Schafsblut
Ziegen- und Schafshirn
Ziegen- und Schafsmagen
Ziegen- und Schafsmilch
Ziegenkäse
Zimtpulver
Zimtstange
Zitrone
Zitrone Saft
Zitrone Schale
Zitrone, Limette
Zitronengras
Zitronenmelisse (frisch)
Zitronenmelisse (getrocknet)
Zucchini
Zucker Fructose Fruchtzucker
Zucker Glukose Traubenzucker
Zucker Milchzucker
Zuckerersatz (Süßstoff)
Zwetschken
Zwieback
Zwiebel Frühlingszwiebel
Zwiebel rot
Zwiebel Schalotte
Zwiebel weiss

4.3 Zutaten verwenden: wenig

Aal
Aal geräuchert
Acerola Fruchtnektar oder Pulver
Agavendicksaft
Apfelsaft (Naturtrüb)
Aprikose getrocknet
Aprikosen Marmelade
Aprikosennektar

Avocado
Beerensaft
Bier (alkoholarm)
Bier (alkoholfrei)
Birnensaft
Bitter Lemon
Bitterlikör
Blätterteig

Brombeermarmelade
Brötchen (Semmel)
Butter Bio
Butterschmalz
Colagetränk
Creme fraiche
Datteln getrocknet
Erdbeermarmelade
Erdbeersaftgetränk
Erdnuss (geröstet)
Erdnussbutter
Feige getrocknet
Fruchtzucker (Fruktose,
Traubenzucker)
Gans
Gans (Gänseklein)
Gans (Gänseschmalz)
Gorgonzola
Heidelbeermarmelade
Heidelbeersaft
Himbeermarmelade
Honig
Honigwein (Met)
Huhn Leber
Johannisbeermarmelade (rot)
Johannisbeermarmelade (schwarz)
Johannisbeernektar (schwarz)
Kaninchen Leber
Kirschsaft
Kokosfett
Lamm Leber
Lamm Nieren
Löffelbiskuit
Lycheelikör
Makrele
Mandeln Marzipan
Mangosaft
Margarine
Margarine (Diät)
Marillensaft
Mayonnaise 50%
Mayonnaise 80%
Obstmischung Fruchtsaft

Orangenmarmelade
Orangensaft
Parmesan
Preiselbeermarmelade
Rind Leber
Rind Niere
Rosinen
Sahne sauer 20%
Sahne sauer 30%
Sahne, süß 30%
Salz
Salz Kräutersalz
Sauerrahm 15% Fett
Schmelzkäse 30%
Schnaps
Schokolade
Schokolade (Diabetiker)
Schwein Bratwurst
Schwein Fett
Schwein Leber
Schwein Nieren
Schwein Schmalz
Topfen (Quark) 40%
Trauben rot
Trauben weiß
Vanillezucker natur
Walnüsse geröstet
Weißbrot (Weizenbrot)
Weißbrot Baguette
Weißbrot Brösel (Weizenbrot)
Weißbrot Knödelbrot (Weizenbrot)
Weißbrot Salzstangerl
Weißbrot Semmel
Weizen Fladenbrot
Ziegen- und Schafsleber
Zucker (Staubzucker)
Zucker (weiß, aus Rüben)
Zucker braun
Zucker Kandis weiß
Zucker Melasse
Zucker Palmzucker
Zucker Ursüße (Zuckerrohr) süß

4.4 Kontraindikativ wirkende Lebensmittel nicht verwenden

Astronautenkost
Bier (Altbier)
Bier (Pils)
Calamari
Campari
Fernet Branca (Kräuterbitterlikör)
Ginsenglikör

Heilbutt
Hering
Hummer
Kabeljau
Krabbe
Krake
Malzbier

Martini	Sake
Miesmuscheln	Sherry
Prosecco	Shrimps
Qualle	Weißwein
Rotwein	Weizen Bier
Rum	Wermut

5 Komplementär

5.1 Einreibung

5.1.1 Chili Schoten

Äußerlich als Einreibungen gut gegen rheumatische Erkrankungen, Erkältung, Fieber, Verdauungsschwäche, Übelkeit, Erbrechen, Schmerzen, Depressionen, Verspannungen.
Hohe Dosen können bei längerer Anwendung zu lebensgefährlicher Hypothermie führen, zu akuter Gastritis, Nierenentzündung.
Zubereitungen mit Capsicum reizen auch in geringen Mengen Haut und Schleimhäute und können schmerzhaftes Brennen hervorrufen.

5.2 Heilbad

5.2.1 Bad mit Kamille

Entzündungshemmend, antibakteriell, krampflösend, wundheilungsfördernd. Beruhigender Effekt auf die Psyche.
Für ein Bad können ca. 40-60g getrocknete Kamillen als Sud oder je nach Gebrauchsanweisung Kamillenextrakt verwendet werden.

5.3 Heil-Tee (Aufguss)

5.3.1 Benediktienerdiestel, Benediktenkraut

Appetitanregend. Gut gegen Verdauungsstörungen, Übelkeit, Wechsel zwischen Diarrhöe und Obstipation, Arthritis, Gicht, Fieber.
Das Benediktenkraut besitzt ein gewisses Allergiepotential. Das Öl der Pflanze, das bei eitrigen Hautgeschwüren angewendet wurde, wirkt vor allem gegen Staphylokokken bakteriostatisch.

5.3.2 Birkenblätter

Dieser Tee ist harntreibend und hilft bei Nierenleiden, Wassersucht, Gicht und reinigt das Blut, hilft zudem bei bakteriellen und entzündlichen Harnwegserkrankungen, Nierengrieß und rheumatischen Beschwerden.
2 EL zerkleinerte Birkenblätter mit 250 ml kochendem Wasser übergießen, 10 Minuten ziehen lassen. Danach absieben.
Trinken Sie davon eine Tasse pro Tag.

5.3.3 Brennnessel Blätter

Appetitanregend, Blutreinigend, Blutstillend, Durchfall, Fördert die Blutbildung, Haarwuchsfördernd, Harntreibend, Harnwegserkrankungen, Rheumatismus, Schleimlösend, Stoffwechselanregend, Rheuma, Arthritis, Blutzuckersenkend, Entgiftend.
2-4 Teelöffel des Tees mit 250 ml kochendem Wasser übergießen und 10 Minuten ziehen lassen. Danach absieben. Nach Bedarf 2 bis 3 Tassen pro Tag trinken.
Wirkstoffe: Flavonoide, Chlorophylle, Vitamine, Mineralsalze, Beta-Sistosterin, Pflanzensäure, Histamin in den Haaren,

5.3.4 Rooibos

Antioxidativ, entzündungshemmend, krebshemmend, schützt durch enthaltene Flavonoide, positive Wirkung auch auf Alzheimer, Arteriosklerose. Antiallergisch, hemmt die Histaminausschüttung. Antibakteriell, antiviral, antifungal, entgiftend (basisch).
3-4 Teelöffel Rooibos mit einem Liter kochendem Wasser überbrühen und 6-10 Min. ziehen lassen. Bei weichem Wasser benötigen Sie weniger Tee für die Zubereitung, bei härterem Wasser empfehlen wir eine höhere Dosierung.

5.4 Komplementäre Anwendung

5.4.1 Akupunktur

Die Akupunktur gehört zu den Nerven oder Organe regulierenden Therapien.
Traditionelle Chinesische Medizin (TCM) bezeichnet meist eine Auswahl von diagnostischen und therapeutischen Verfahren, die im chinesischen Kulturkreis in vielen Jahrhunderten angewandt wurden.
Das chinesische Wort für Akupunktur besteht aus zwei Teilworten, die die Hauptanwendung der Akupunktur beschreiben, nämlich dem Einstechen der Nadel in die Akupunkturpunkte und dem Erwärmen (Moxibustion) der Punkte. Akupunktur in der Ming-Dynastie (1368–1644). Bibliothèque Nationale, Paris. In der Akupunktur wird die Existenz von 361 Akupunkturpunkten angenommen, die auf den Meridianen angeordnet sind. Demnach gibt es zwölf Hauptmeridiane, die jeweils spiegelverkehrt auf beiden Körperseiten paarig angelegt sind, acht Extrameridiane und eine Reihe von so genannten Extrapunkten. Nach Meinung der Anhänger der Traditionellen Chinesischen Medizin wird durch das Einstechen der Nadeln der Fluss des Qi beeinflusst. Die Akupunktur gehört zu den Umsteuerungs- und Regulationstherapien. Noch älter als die Akupunktur ist die Akupressur. Hier werden die Punkte mit Hilfe der Fingerkuppen

massiert. Das Konzept der Ohrakupunktur (auch Auriculotherapie genannt) wurde vom französischen Arzt Paul Nogier entwickelt. 1954 berichtete er erstmals in der Deutschen Zeitschrift für Akupunktur über seine Erfahrungen und 1961 stellte er seine Diagnose- und Therapieform auf einem Akupunkturkongress in Deutschland vor. Die Behandlung über das Ohr ist zwar auch aus der chinesischen Akupunktur bekannt, es werden dort jedoch nur wenige Punkte – und diese auch nur selten – verwendet. Daneben besteht noch das Konzept der koreanischen Handakupunktur, bei der die Meridiane fast komplett auf den Händen abgebildet sind, sowie das der Schädelakupunktur mit Abbildung der Meridiane auf den Schädel. Ähnliche Vorstellungen stecken auch hinter der Fußakupunktur.

Heutzutage wird immer öfter von der Krankenversicherung die Akupunktur zur Schmerztherapie angeboten. Auch bei Krankenhausaufenthalten kann eine Therapie in Anspruch genommen werden. Die Therapie kann mit Nadeln aber auch sanfter mit Pflaster selbst während der Chemotherapie durchgeführt werden.

5.4.2 Apitherapie

Die Heilwirkung von Honig, Propolis, Blütenpollen, Gelee Royale und Bienengift: Propolis hat starke antibakteriellen, pilzhemmende und antiallergischen Eigenschaften und unterstützt dadurch jeden Heilungsprozess.

Das Heilen mit Bienenprodukten ist eine der ältesten Therapieverfahren. Die Heilwirkung von Honig, Propolis, Blütenpollen, Gelee Royale und Bienengift sind lange bekannt. Propolis hat starke antibakteriellen, pilzhemmende und antiallergischen Eigenschaften und unterstützt dadurch jeden Heilungsprozess. Blütenpollen ist aufgrund seines Reichtums an essentiellen Aminosäuren, sekundären Pflanzenstoffen (u. a. Flavonoide), organisch gebundenen Mineralstoffen und Vitaminen ein wichtiges Mittel zur Stärkung der Abwehrkräfte. Das Wachstum von Krebszellen (Neuroblastom) könnte gehemmt werden. Der Wirkstoff Artepillin C soll die Bildung neuer Blutgefäße im Tumor hemmen, was zum Aushungern und damit zur Schrumpfung führen kann. Heute weiß man, dass die Entstehung bestimmter Krebsarten im Zusammenhang mit Viren steht. In dem Propolis seine antivirale Wirkung entfaltet, kann eine krebsvorbeugende und krebshemmende Wirkung entstehen.

5.4.3 Ayur Veda

Ayurveda ist eine Kombination aus empirischer Naturlehre und Philosophie, welche die Ausgewogenheit des Körpers anstrebt.

Ayurveda hat einen ganzheitlichen Anspruch, da der ganze Mensch mit

einbezogen wird. Es werden pflanzliche Heilmittel verabreicht, welche eingenommen oder aufgetragen werden. Dadurch werden Organe gestärkt oder eine Entgiftung/Entschlackung angeregt.
Speziell bei Krebs wird das Ungleichgewicht verschiedener Elemente beschrieben und behandelt. Die Methoden der Schulmedizin mit Chirurgie, Strahlentherapien und andere Behandlungsmethoden ähneln denen der Ayurveda in vielen Punkten.

5.4.4 Heilfasten

Das Fasten zählt zu den ältesten Heilmethoden. Entgiftet und baut Immunsystem auf.
Das Fasten zählt zu den ältesten Heilmethoden. In aktuellen Untersuchungen hat sich gezeigt, dass Heilfasten konkret gegen Krebszellen vorgeht und daher eine wichtige Komponente in einer ganzheitlichen Krebstherapie darstellen kann. Es gibt schon seit vielen Jahren mehrere Kliniken, welche die Krebstherapie mit Fastenkuren verbinden und gute Erfolge haben. Die Methode wurde vor mehr als 60 Jahren bereits in Russland angewendet. Da Krebszellen meistens einen sehr hohen Stoffwechsel haben und daher auch viel Energie benötigen, werden beim Fasten auch die Entwicklung gebremst. Grundsätzlich wird beim Fasten auch der Körper von Abfallstoffen gereinigt und dadurch das Immunsystem gestärkt. Die Erfolgsaussichten sind bei den verschiedenen Krebsarten unterschiedlich.
Die Methode des Heilfastens beruht auf der Philosophie, dass durch das Fasten besonders die Krebszellen geschwächt werden. Ich halte diese Methode nur unter ärztlicher Aufsicht durchführbar. Wenn ein Körper während eines Heilungsprozesses massiv geschwächt wird kann es zu massiven Beeinträchtigungen bei der Wundheilung kommen.

5.4.5 Lymphdrainage

Die Manuelle Lymphdrainage ist eine Therapieform der physikalischen Anwendungen.
Die Manuelle Lymphdrainage ist eine Therapieform der physikalischen Anwendungen. Die Therapeuten sind vornehmlich Masseure, Krankengymnasten und Physiotherapeuten. Die Anwendung ist nur dem Fachpersonal mit der entsprechenden Zusatzausbildung in manueller Lymphdrainage an einem zugelassenen Lehrinstitut erlaubt. Die Wirkungsweise der manuellen Lymphdrainage ist breit gefächert. So dient sie hauptsächlich als Ödem- und Entstauungs-Therapie geschwollener Körperregionen, wie Körperstamm und Extremitäten (Arme und Beine). Durch kreisförmige Verschiebetechniken, welche mit leichtem Druck angewandt werden, wird die Flüssigkeit aus dem Gewebe

in das Lymphgefäßsystem verschoben. Die Manuelle Lymphdrainage wirkt sich überwiegend auf den Haut- und Unterhautbereich aus und soll keine Mehrdurchblutung, wie in der klassischen Massage, bewirken. Auch in der Schmerzbekämpfung, wie auch vor und nach Operationen tut sie gute Dienste, das geschwollene, mit Zellflüssigkeit überladene Gewebe zu entstauen. Der Patient spürt eine deutliche Erleichterung, Schmerzmittelgaben können verringert werden, der Heilungsprozess verläuft schneller. Kontraindikationen (Gegenanzeigen) sind hierbei genauestens zu beachten.

Bei manchen Krebsarten wird von einer Lymphdrainage unmittelbar nach Operationen abgeraten, da unter Umständen Krebszellen so weiter verbreitet werden und Metastasen bilden könnten.

5.4.6 Weihrauch

Entzündungshemmend, beruhigend.
Als Räucherwerk oder Salbe oder Dragees

5.5 Speisezugabe

5.5.1 Gelbwurz (Kurkuma)

Fördert die Entleerung der Gallenwege, gut gegen Magen-Darmbeschwerden. Antioxidativ, antiviral, antibakteriell und entzündungshemmend.
Für eine tägliche, dauerhafte Einnahme, kann Kurkuma zu Kartoffelpüree, Milchspeisen, Suppen oder Soßen beigemengt werden.
Wirkstoffe: äth. Öl, Bitterstoffe, Curcumin, Stärke

Gelbwurz oder Tumeric - Hat beeindruckende Erfolge bei der Behandlung von Karzinogenen und Mutagenen bei Labortieren erzielt. Konzentrierter Gelbwurz zeigte ein Vermehrung der Glutathion S-Transferase-Enzyme, die für das Leben und die Leberentgiftung von wesentlicher Bedeutung sind.
Medizinische Anwendungen: Amenorrhoea, Blutarmut, Arthritis, Asthma, Blutgerinnsel, Krebs, Candida, Katarrh, aufbauend, Husten, Ruhr, Dysmenorrhöe, Ekzeme, Winde, Gallenblasen-Erkrankungen, Gallensteine, Gastritis, Herzleiden, Hepatitis, zu hohem Cholesterinspiegel, Verdauungsstörungen, reizbarem Darm, Gelbsucht, Leberentgiftung, Schutz der Leber, Übelkeit, Fettleibigkeit, Rachenkatarrh, Hautkrankheiten, einschließlich parasitischer Hautinfektionen, Traumata, Harnwegskrankheiten, Tumore an der Gebärmutter.
Eigenschaften: Alterativ, schmerzlindernd, antibiotisch, anti-koagulant

(hemmt Blutgerinnung) antifungal, entzündungshemmend, antioxidierend, antiseptisch, aromatisch, adstringierend, galletreibend, kreislaufanregend, verdauungsfördernd, den Eintritt der Monatsblutung förderndes Mittel, leberstärkend, Stimulans, unterstützt die Wundheilung. Bei Verschluss der Gallenwege oder Gallensteinen sollte man auf Kurkuma verzichten.

5.6 Verschiedene Möglichkeiten

5.6.1 Reishi

Regeneriert die Leber, wirkt entgiftend und entzündungshemmend. Gut gegen chronischer Hepatitis, Schwellungen, Rötungen und Juckreiz. Reguliert das Immunsystem, weckt und unterstützt die Selbstheilungskräfte. Verbessert die Sauerstoffsättigung des Blutes. Als Zugabe zu Tee, Kakao oder Kaffee. Als Kapseln, Extrakt, Pulver oder ganzer Pilz.
Reishi ist reich an Mineralstoffen und Spurenelementen Magnesium, Kalium, Calcium, Eisen, Zink, Kupfer, Mangan und organisch gebundenes Germanium, welches in der Tumortherapie und für die Interferonproduktion eine große Rolle spielt. Wertvollen Polysaccharide, Glykoproteine, Proteoglykane, Triterpene, Sterole, Alkaloide und eine Vielzahl weiterer hochaktiver Wirksubstanzen.

5.6.2 Rosskastanie

Gut gegen Krampfadern, Falten, Hämorrhoiden, Rheumatische Beschwerden, Menstruationsproblemen, Krämpfe.
Wirkstoffe: Aesculus-Saponine, Gerbstoffe, Flvonglykoside
Nit verwenden bei Schwangerschaft, empfindlicher Magen.

6 Grundlagen der Ernährung

Die hier beschriebenen Grundlagen der Ernährung zeigen allgemeine Empfehlungen und beziehen sich nicht auf eine spezielle Therapieform. Die Empfehlungen der Therapie haben Vorrang.

6.1 Ernährung

Die regelmäßige Einnahme von Mahlzeiten in entspannter Atmosphäre. Ein wärmendes Frühstück gilt als guter Start in den Tag.
Mittags sollte die Hauptmahlzeit stattfinden - das Abendessen am frühen Abend.

Die Beachtung von Hunger- und Sättigungsgefühlen: Nicht überessen und nicht hungern, so lautet die Regel.

Die frische Zubereitung der Speisen aus naturbelassenen, regionalen Produkten. Tiefgekühlte, hitzekonservierte, industriell vorgefertigte oder mikrowellengegarte Lebensmittel werden gemieden.

Die Auswahl von Lebensmittel nach der Jahreszeit: Im Sommer mehr kühlende Nahrung, im Winter mehr wärmende Nahrung.

Mindestens zweimal am Tag Gekochtes essen. Speisen und Getränke sollen möglichst handwarm, niemals eiskalt oder heiß sein.

Rohkost, kurz gegartes Gemüse, frisch gepresste Säfte und Mineralwasser werden üblicherweise nicht empfohlen. Milch und Milchprodukte stehen nur dann auf dem Speiseplan, wenn sie problemlos vertragen werden.

Therapeutische Rezepte nicht über einen längeren Zeitraum ohne Rücksprache mit dem Arzt oder Therapeuten einnehmen.

1. Vielseitig essen
Lebensmittelvielfalt genießen. Merkmale einer ausgewogenen Ernährung sind abwechslungsreiche Auswahl, geeignete Kombination und angemessene Menge nährstoffreicher und energiearmer Lebensmittel. (Einerseits Schutz vor Unterversorgung mit essentiellen Nährstoffen und andererseits Schutz vor einer überhöhten Zufuhr unerwünschter Inhaltsstoffe.)

2. Reichlich Getreideprodukte - und Kartoffeln
Brot, Nudeln, Reis, Getreideflocken (am besten aus Vollkorn), sowie

Kartoffeln enthalten kaum Fett, aber reichlich Vitamine, Mineralstoffe, Spurenelemente sowie Ballaststoffe und sekundäre Pflanzenstoffe. Diese Lebensmittel sollten mit möglichst fettarmen Zutaten verzehrt werden.

3. Gemüse und Obst - Nimm "5" am Tag ...

5 Portionen Gemüse und Obst am Tag, möglichst frisch, nur kurz gegart, oder auch eine Portion als Saft – idealerweise zu jeder Hauptmahlzeit und auch als Zwischenmahlzeit: Damit werden reichlich Vitamine, Mineralstoffe sowie Ballaststoffe und sekundären Pflanzenstoffe (z.B. Carotinoiden, Flavonoiden) zugeführt. Das Beste, was man für die eigene Gesundheit tun kann.

4. Täglich Milch und Milchprodukte, ein- bis zweimal in der Woche

Fisch; Fleisch, Wurstwaren sowie Eier in Maßen. Diese Lebensmittel enthalten wertvolle Nährstoffe, wie z.B. Calcium in Milch, Jod, Selen und Omega-3-Fettsäuren in Seefisch. Fleisch ist wegen des hohen Beitrags an verfügbarem Eisen und an den Vitaminen B1, B6 und B12 vorteilhaft. Mengen von 300 - 600 g Fleisch und Wurst pro Woche reichen hierfür aus. Fettarme Produkte bevorzugen, vor allem bei Fleischerzeugnissen und Milchprodukten.

5. Wenig Fett und fettreiche Lebensmittel

Fett liefert lebensnotwendige (essenzielle) Fettsäuren und fetthaltige Lebensmittel enthalten auch fettlösliche Vitamine. Fett ist besonders energiereich, daher kann zu viel Nahrungsfett Übergewicht fördern, möglicherweise auch Krebs. Zu viele gesättigte Fettsäuren fördern langfristig die Entstehung von Herz-Kreislauf-Krankheiten. Pflanzliche Öle und Fette bevorzugen (z.B. Raps-, Oliven- und Sojaöl und daraus hergestellte Streichfette). Auf unsichtbares Fett achten, das in Fleischerzeugnissen, Milchprodukten, Gebäck und Süßwaren sowie in Fast-Food- und Fertigprodukten meist enthalten ist. Insgesamt 70 - 90 Gramm Fett pro Tag reichen aus.

6. Zucker und Salz in Maßen

Nur gelegentlich Zucker und Lebensmittel, bzw. Getränke verzehren, die mit verschiedenen Zuckerarten (z.B. Glucose Sirup) hergestellt wurden. Kreativ mit Kräutern und Gewürzen und wenig Salz würzen. Jodiertes Speisesalz bevorzugen.

7. Reichlich Flüssigkeit

Wasser ist absolut lebensnotwendig. Jeden Tag rund 1-2 Liter Flüssigkeit trinken. Wasser (ohne oder mit Kohlensäure) und andere kalorienarme Getränke bevorzugen. Alkoholische Getränke sollten nicht konsumiert werden.

8. Schmackhaft und schonend zubereiten

Die jeweiligen Speisen bei möglichst niedrigen Temperaturen garen, soweit es geht kurz, mit wenig Wasser und wenig Fett - das erhält den natürlichen Geschmack, schont die Nährstoffe und verhindert die Bildung schädlicher Verbindungen.

9. Sich Zeit nehmen und das Essen genießen

Bewusstes Essen hilft, richtig zu essen. Auch das Auge isst mit. Sich beim Essen Zeit lassen. Das macht Spaß, regt an, vielseitig zuzugreifen und fördert das Sättigungsempfinden.

10. Auf das Gewicht achten und in Bewegung

Ausgewogene Ernährung, viel körperliche Bewegung und Sport (30 bis 60 Minuten pro Tag) gehören zusammen. Mit dem richtigen Körpergewicht fühlt man sich wohl und fördert die Gesundheit.

Thermik, Wirkrichtung, Verdauungskraft

Es gibt unterschiedliche Kriterien, die Wirksamkeit von Kräutern und Lebensmittel zu beurteilen. Der Einsatz der Kräuter und Zutaten basiert auf Beobachtung, was die Lebensmittel, Kräuter und Gewürze nach ihrem Verzehr im Körper bewirken. In der Medizin hat sich daraus folgendes System entwickelt: Jede Zutat oder Kraut hat eine Wirkrichtung. Außerdem gibt es noch Kräuter, die eine besondere Wirkung auf bestimmte Organe haben.

Voraussetzung für einen gesunden Stoffwechsel ist es, darauf zu achten, dass wir ausreichend Energie aus der Nahrung gewinnen und der Verdauungsprozess so wenig Energie wie möglich verbraucht. Eine bekömmliche Mahlzeit macht zufrieden und satt, verursacht keine Blähungen und keine Müdigkeit nach dem Essen. Richtiges Würzen erhöht die Bekömmlichkeit unserer Speisen. Es genügen oft schon geringe Mengen an Kräutern und Gewürzen. Sie dienen nicht dazu, uns satt zu machen, sondern helfen unseren Verdauungsorganen, die Nahrung zu verdauen.

6.2   Rezepte

Die Rezepte zeigen Ihnen welche Zutaten verwendet werden sowie mit der Kochanleitung wie diese zubereitet werden. Bei den Zutaten wird neben den Mengenangaben auch die Wichtigkeit für die Therapie angezeigt. Wenn dabei angezeigt wird "weniger als angegeben" versuchen Sie diese Empfehlung einzuhalten oder eine Alternative aus der Liste der "Empfohlenen Lebensmittel" zu finden. Meistens ist es nur eine leichte geschmackliche Änderung wenn Sie diese Zutat gänzlich weglassen.

Schonende Kochmethoden: Kochen, dämpfen, pochieren, dünsten
Scharfe Kochmethoden: Grillen, rösten, anbraten, räuchern
Ausgeglichene Kochmethoden: Frittieren, Römertopf

Auf das Einfrieren und erwärmen in der Mikrowelle sollte verzichtet werden (Denaturierung).

6.3 Lebensmittel

Lebensmittel wirken wie Heilkräuter auf Körper und Geist, nur wesentlich sanfter. Die Ernährungsberatung stützt sich hauptsächlich auf heimische Lebensmittel. Das Wissen über die Wirkungsweisen jedes einzelnen Lebensmittels und das Wissen wann welche Lebensmittel zur Anwendung kommen, entstammt der Schulmedizin. Verwende Sie möglichst Erzeugnisse aus ökologischen-biologischem Landbau.

Da wegen der besseren Verdaulichkeit grundsätzlich alles lange gekocht und kaum roh gegessen wird, ist die Verträglichkeit hervorragend.

Die Einteilung der Lebensmittel entsprechend ihrer Wirkung auf den Körper und bildet die Basis, um einen ausgewogenen und harmonischen Gesundheitszustand im Körper zu erreichen.

Grundsätzlich empfiehlt die Ernährungsberatung keine bestimmten Lebensmittel für Jedermann. Ausschlaggebend für den individuellen Speiseplan ist vor allem die persönliche Konstitution.

Kaufen Sie nur frisches und reifes Obst und Gemüse ein. Braune Stellen, welke Blätter aber auch unreifes Obst und Gemüse sollten Sie im Supermarkt zurücklassen. Greifen Sie dann zu Tiefkühlware (keine Fertiggerichte!). Tiefkühlobst und -gemüse werden kurz nach dem Ernten schockgefroren und enthalten deshalb oftmals mehr Vitamine und Mineralstoffe, als die Ware aus der Obst- und Gemüsetheke! Konserven- und Dosenware dagegen enthält wesentlich weniger Biostoffe. Zudem werden Letztere meist mit Salz, Zucker usw. angereichert. Lassen Sie die Zutaten nach dem Waschen nie im Wasser liegen, denn so gehen viele Vitalstoffe ins Wasser über! Putzen Sie Salate, Früchte und Gemüse erst unmittelbar vor Verzehr.

Beachten Sie bitte die hygienische Verarbeitung der Lebensmittel. Waschen Sie Ihre Salate, Früchte und Gemüse gründlich. Bei Gerichten mit Fleisch bereiten Sie zuerst die Zutaten vor und verarbeiten dann die

Fleischprodukte. Reinigen Sie danach die Arbeitsflächen und Werkzeuge besonders gründlich. Holzunterlagen sollten regelmäßig mit leichtem Desinfektionsmittel behandelt werden um die Keimbildung einzuschränken.

Bewahren Sie Obst und Gemüse möglichst getrennt voneinander auf. Auch geerntete Früchte und Gemüse leben und strömen z.B. Ethylengas aus, das andere Sorten schneller reifen und altern lässt. Fleisch und Fisch in der verschlossenen Verpackung lassen oder in luftdichten Boxen im Kühlschrank aufbewahren.

6.4   Kräuter

Bei der Aufbewahrung und Lagerung von Heilkräutern, müssen gewisse Grundregeln beachtet werden. Grundsätzlich müssen Heilkräuter geschützt vor direkter Sonneneinstrahlung, vor Feuchtigkeit und vor heißen Temperaturen gelagert werden.

Als Gefäße für die Lagerung von Heilkräutern können Gläser, Keramik-Behälter und zur Not auch Plastik-Dosen eingesetzt werden. Plastik ist aber ein sehr unreines Material und sollte daher wirklich nur eine kurzfristige Notlösung sein. Bei Glasbehältern ist darauf zu achten, dass dunkles Glas verwendet wird.

Heilkräuter können nicht beliebig lange aufbewahrt werden. Die Haltbarkeit von Heilkräutern ist auf jeden Fall begrenzt. Durch die Haltbarkeitsdauer kann durch sachgerechte Lagerung wesentlich erhöht werden. So soll der Lagerplatz dunkel, eher kühl und absolut trocken sein. Ein Medizinschrank aus Holz, der nicht direkt bei einer Wärmequelle platziert ist wäre ideal. Um Ihre Heilkräuter nicht wegwerfen zu müssen, kaufen Sie nicht zu große Mengen an Heilpflanzen. Beschriften Sie die Behälter mit dem Namen des Heilkrauts und dem Datum der Ernte bzw. der Verarbeitung.

7 Weitere Ernährungsvorschläge

Folgende Syndrome der Diätetik, der TCM oder als Therapieergänzung bei Krebs sind verfügbar.

DIÄTETIK
1. Ernährung des Säuglings - Beikost
2. Ernährung in der Stillzeit
3. Ernährung im Alter
4. Ernährung von Kindern und Jugendlichen
5. Ernährung von Sportlern
6. Leichte Vollkost
7. Schwangerschaft
8. Vollkost

Eiweiß und Elektrolyt – Nieren
9. (Hämo-)Dialysebehandlung
10. Akutes Nierenversagen
11. Chronische Niereninsuffizienz
12. Nephrotisches Syndrom
13. Nierensteine (Nephrolithiasis)

Gastrointestinaltrakt - Bauchspeicheldrüse
14. Akute Pankreatitis (Entzündung der Bauchspeicheldrüse)
15. Chronische Pankreatitis (Entzündung der Bauchspeicheldrüse)

Gastrointestinaltrakt - Dünndarm und Dickdarm
16. Akute Obstipation (Verstopfung)
17. Chronische Obstipation (Verstopfung)
18. Colon irritabile
19. Divertikulitis
20. Erworbene Laktoseintoleranz (Laktosemalabsorption)
21. Fruktosemalabsorption
22. Glutensensitive Enteropathie (Zöliakie)
23. Kolektomie
24. Kurzdarmsyndrom

Gastrointestinaltrakt - Leber, Gallenblase, Gallenwege
25. Akute und chronische Hepatitis (Entzündung der Leber)
26. Cholelithiasis (Gallensteine)
27. Fettleber
28. Leberzirrhose

Gastrointestinaltrakt - Magen und Zwölffingerdarm
29. Akute Gastritis
30. Chronische Gastritis
31. Magenblutung
32. Ulcus ventriculi und Ulcus duodeni
33. Zustand nach Magenoperation

Gastrointestinaltrakt - Mundhöhle und Speiseröhre
34. Mundschleimhautentzündung
35. Ösophaguskarzinom (Speiseröhrenkrebs)
36. Reflüxösophagitis (Sodbrennen)

spezielle Krankheiten
37. Phenylketonurie (PKU)
38. Rheumatische Gelenkserkrankungen

Stoffwechsel
39. Adipositas (Übergewicht)
40. Diabetes mellitus
41. Essstörungen (Untergewicht)
Fettstoffwechsel
42. Hypercholesterinämie (erhöhter Cholesterinspiegel)
43. Hepatische Enzephalopathie
Herz- und Kreislauf
44. Arteriosklerose (Arterienverkalkung)
45. Herzinsuffizienz
46. Hypertonie (Bluthochdruck)
47. Hyperurikämie und Gicht
veränderter Nährstoffbedarf
48. bei Fieber
49. bei malignen Erkrankungen
50. nach Verbrennungen
51. Strahlen- und Chemotherapie

KREBS
100. Bauchspeicheldrüse
101. Blasenkrebs
102. Blutkrebs (Leukämie)
103. Brustkrebs
104. Darmkrebs
105. Magenkrebs
106. Nierenkrebs
107. Speiseröhrenkrebs

TCM
200. Blase - Feuchte Hitze in der Blase
201. Blase - Feuchtigkeit und Kälte in der Blase
202. Blase - Leere und Kälte in der Blase
203. Dickdarm - äussere Kälte befällt den Dickdarm
204. Dickdarm - Feuchte Hitze im Dickdarm
205. Dickdarm - Hitze blockiert den Dickdarm II akut
206. Dickdarm - Trockenheit des Dickdarms
207. Dickdarm - Yang Mangel (Kälte)
208. Herz - Blut Mangel
209. Herz - Blut Stagnation
210. Herz - Feuer
211. Herz - Heisser Schleim verstopft die Herzporen
212. Herz - Kalter Schleim verstopft die Herzporen
213. Herz - Qi Mangel
214. Herz - Yang Mangel
215. Herz - Yin Mangel
216. Leber - aufsteigender Leber-Yang
217. Leber - Blut-Mangel
218. Leber - Blut-Stagnation
219. Leber - feuchte Hitze in Leber und Gallenblase
220. Leber - Feuer
221. Leber - Gallenblase Qi-Leere
222. Leber - Kälte im Lebermeridian
223. Leber - Qi-Stagnation

224. Leber - Wind
225. Leber - Wind mit aufsteigendem Leber Yang
226. Leber - Wind mit Blutleere
227. Leber - Wind mit extremer Hitze
228. Lunge - Qi Mangel
229. Lunge - Schleim-Feuchtigkeit in der Lunge
230. Lunge - Schleim-Hitze in der Lunge
231. Lunge - Schleim-Kälte in der Lunge
232. Lunge - Trockenheit der Lunge
233. Lunge - Wind-Hitze befällt die Lunge
234. Lunge - Wind-Kälte befällt die Lunge
235. Lunge - Yin Mangel
236. Magen - Blutstagnation
237. Magen - Feuer
238. Magen - Magenkälte mit Flüssigkeit
239. Magen - Nahrungsstagnation
240. Magen - Qi Mangel
241. Magen - rebellierendes Magen Qi
242. Magen - Yin Leere
243. Milz - Hitze und Feuchtigkeit befällt die Milz
244. Milz - Kälte und Feuchtigkeit befällt die Milz
245. Milz - Qi Mangel
246. Milz - Qi Mangel + Absinkendes MilzQi
247. Milz - Qi Mangel + Milz kontrolliert das Blut nicht
248. Milz - Yang Mangel
249. Niere - Herz und Niere kommunizieren nicht mehr
250. Niere - Jing Mangel
251. Niere - Nieren können das Qi nicht empfangen
252. Niere - Qi ist nicht fest
253. Niere - Yang Mangel
254. Niere - Yin Mangel